Discutindo a História

O feudalismo

Paulo Miceli

Conforme a nova ortografia

24ª edição

Copyright © Paulo Miceli, 1994.

SARAIVA S.A. Livreiros Editores
Rua Henrique Schaumann, 270 — Pinheiros
05413-010 — São Paulo — SP
Fone: (0xx11) 3613-3000
Fax: (0xx11) 3611-3308 — Fax vendas: (0xx11) 3611-3268
www.editorasaraiva.com.br
Todos os direitos reservados.

Dados Internacionais de Catalogação na Publicação (CIP)
(Câmara Brasileira do Livro, SP, Brasil)

Miceli, Paulo
    O feudalismo / Paulo Miceli. — 24ª ed. — São Paulo : Atual, 2009. —
(Discutindo a História)

    Bibliografia.
    ISBN 978-85-357-1006-9 (aluno)
    ISBN 978-85-357-1007-6 (professor)

    1. Civilização medieval 2. Feudalismo 3. Idade Média— História I.
Título. II. Série.

CDD-940-10

Índice para catálogo sistemático:
1. Feudalismo : Europa : História   940.14

Coleção **Discutindo a História**

Coordenação: Jaime Pinsky
Editor: Henrique Félix
Assistente editorial: Shirley Gomes
Preparação de texto: Noé G. Ribeiro
Gerente de produção editorial: Cláudio Espósito Godoy
Assist. de produção editorial: Rita Feital
Revisão: Maria Luiza X. Souto
Alice Kobayashi
Editoração eletrônica: Silvia Regina E. Almeida
Virgínia S. Araújo
Chefe de arte: Tania Ferreira de Abreu
Diagramação: Marcos Puntel de Oliveira
Assistentes de arte: Ricardo Yorio
Alexandre L. Santos
Produção gráfica: Antonio Cabello Q. Filho
José Rogerio L. de Simone
Maurício T. de Moraes
Projeto gráfico: Tania Ferreira de Abreu (capa)
Marcos Puntel de Oliveira (miolo)
Capa: Ilustração mostrando vítimas da Peste
Negra sendo sepultadas em Tournai, na Bélgica,
em 1349 / Bibliothèque de Bruxelles – Phot Scala
Fotolito: Binhos/STAP
Composição: Graphbox

24ª edição / 2ª tiragem — 2011

Todas as citações de textos contidas neste livro estão de acordo com a legislação, tendo por fim único e exclusivo o ensino.
Caso exista algum texto a respeito do qual seja necessária a inclusão de informação adicional, ficamos à disposição para
o contato pertinente. Do mesmo modo, fizemos todos os esforços para identificar e localizar os titulares dos direitos sobre
as imagens publicadas e estamos à disposição para suprir eventual omissão de crédito em futuras edições.

Visite nosso *site*: www.atualeditora.com.br
Central de atendimento ao professor:
0800-0117875

Sumário

Bate-papo com o autor 1

1. O cenário 7

2. A época 9

3. A Igreja — um poder absoluto 18

4. Afinal, o que é feudalismo? 29

5. Uma fábula e a moral da história 55

Cronologia 60

Bibliografia 66

Discutindo o texto 67

Para
Virginia, Ivan e Flávia,
habitantes oníricos de um mundo
sem relógios e sem discursos.

Quando moço estudei muito.
Tive um mestre muito sábio.
Envaideci-me, alegrei-me
por meus progressos e triunfos.

Se recordo quão sábio era,
comparo-me à água que toma
a forma do vaso e o fumo
que se desfaz com o vento.

(Verso 151 do *Rubaiyat*, escrito por
Omar Khayyam, que nasceu
provavelmente em 1050.)

Bate-papo com o autor

Paulo Miceli nasceu na véspera do Natal de 1950, em São Paulo, e, como ocorre com muitos adolescentes, dedicou-se muito pouco aos estudos, trocando-os "pela atualização do repertório de Beatles, Bob Dylan, Chico Buarque, Caetano Veloso e Milton Nascimento". Teve na música, tanto popular quanto clássica, uma das primeiras e maiores paixões. Acompanhar músicas com poemas ou textos literários era uma atividade de que gostava muito.

Tropeçou na História — e se deteve — quando descobriu que "ela nada tinha a ver com aquele purgante que alguns professores nos faziam descer garganta abaixo, através de listagens enormes de capitanias, donatários, dinastias e outras coisas do gênero".

Cursou, então, História na USP. Depois de alguns anos, foi fazer Mestrado e Doutorado na Unicamp, onde é professor desde 1985. Além de *As revoluções burguesas*, que também faz parte desta coleção, publicou os seguintes livros: *Era uma vez, em Sertãozinho... certas histórias de uma história que é do trabalho: pessoas, fatos e feitos; O mito do herói nacional; Além da fábrica — O projeto industrialista em São Paulo (1928-1948)* e *O ponto onde estamos — viagens e viajantes na história da expansão e da conquista (Portugal — séculos XV e XVI).*

Não descuidou, porém — segundo afirma —, do corpo, sendo considerado, entre os amigos, um exímio levantador de copos, no que é confirmado "por um perfil nada parecido ao que tinha aos vinte anos". Mas seu currículo tem, segundo ele diz, outras anotações curiosas, como, por exemplo, as relativas ao dia de seu aniversário. Grandes "acontecimentos" de sua vida estiveram ligados a essa data: foi mordido por uma gata louca (da família dos felinos, mesmo); foi atingido por uma fagulha de raio; fraturou o tornozelo correndo atrás de um ônibus; quase morreu de choque anafilático ao tomar uma injeção para extrair a unha de um dedão. Isso leva-o a fazer conjeturas de que as pessoas, à guisa de "presentes", lhe rogam pragas...

A seguir, o bem-humorado professor Paulo Miceli responde a cinco questões:

P. *De que maneira você se sente envolvido com o tema?*
R. Meu envolvimento com o tema começou quando descobri que a Idade Média possuía tanto encantamento quanto qualquer outro período da história. Esse fascínio cresceu à medida que fui percebendo a distância entre o que eu "sabia" sobre a época e aquilo que ela mostrava ser: uma fonte sempre realimentada de novidades.

Essa descoberta devo à necessidade que senti de conhecer melhor a história do período, para poder levá-la a meus alunos. Depois de algumas experiências absolutamente fracassadas, a história medieval conseguiu me entusiasmar, e a "malfalada senhora" revelou-se uma fresca novidade, gritando seu sonoro *não!* a todos aqueles que procuraram fechar a Idade Média num círculo de imobilismo, vazio de vida e de agitação.

Além disso, descobri que a especialização, para quem trabalha com História, quase nunca é positiva, pois, se ela pode produzir "profundos-conhecedores-dos-últimos-cinco-anos-de-uma-região-determinada-de-um-país-qualquer", também produz especialistas verdadeiramente chatos, que não precisam sequer abrir a boca para que a gente saiba que vai ouvir outra conversa sobre experiências minúsculas, as quais, evidentemente, eles se recusam a pôr em questão... Não estou com isso querendo dizer que é possível conhecer tudo sobre todos os períodos ou temas da História, mas sim que aventurar-se um pouco pode produzir resultados gratificantes.

Enquanto estudava o período medieval, é claro que essas relações com as épocas que lhe foram anteriores ou posteriores sempre estiveram presentes. O que eu não quis fazer foi considerar a Idade Média simplesmente como mãe da Idade Moderna e avó decrépita da Idade Contemporânea: era sua vida própria que me interessava vasculhar. Para isso, além de aceitar a sedução que a "nova Idade Média" exercia sobre mim, pude contar com os trabalhos instigadores de Georges Duby, Alain Guerreau e, principalmente, Jacques Le Goff. E tudo isso se passava na frente de dezenas de olhares que pareciam perguntar aonde eu estava querendo chegar, se é que acreditavam que eu poderia ou pretendia chegar a alguma coisa...

Foi em razão de uma história do presente, portanto, que resolvi bisbilhotar a vida de séculos atrás. O objetivo da busca, contudo, continuou o mesmo de sempre, ou seja, prosseguir tentando conhecer um pouco mais a matéria-prima que realmente me fascina em todas as histórias: os seres humanos.

Não é uma tarefa fácil, pois eles raramente emergem do amontoado de fatos, datas e nomes com que se costuma contar a História.

Não acredito, realmente, que tenha conseguido atingir meu objetivo, mas este livro é o resultado dos primeiros esforços nesse sentido.

P. *Você fala do feudalismo no que se refere apenas à Europa ocidental. Isso significa que esse fenômeno histórico diz respeito somente àquela região?*

R. Dentro dos limites respeitados neste trabalho, seria impossível mostrar a totalidade da história do mundo durante os mil anos que — de acordo com a tradição — constituem a chamada Idade Média, ou mesmo o período conhecido por feudalismo. Existem trabalhos muito bons sobre o mundo "exterior" à Europa ocidental e que, deliberadamente, deixei de lado. Para ficar num exemplo, recordo agora o livro de Witold Kula, *Teoria econômica do sistema feudal.* Da tradução portuguesa foi surrupiado o subtítulo, e pouca gente sabe que ele trata de um "modelo da economia polonesa — séculos XVI-XVIII". Isso quer dizer que, ao menos para a Polônia, o tema do feudalismo é tratado em época diferente da que considerei e, certamente, com outros elementos.

Nem mesmo a história de regiões que exerceram direta influência sobre o espaço a que restringi a narração pôde aqui ser tratada. Ficaram de fora — por decisão prévia — as questões relacionadas ao Império Bizantino, à história do Islão, à dos povos eslavos (formação da Rússia, por exemplo), à península Ibérica. Também ficou de fora toda a história da China e do Japão. Pior do que isso: não pude tratar da arte em nenhuma de suas manifestações... Mas o que fazer? Escrever sobre história é mais ou menos como fazer compras num supermercado: na impossibilidade de carregar tudo o que nos interessa, escolhemos aquilo que julgamos indispensável e muitas vezes trocamos um pedaço de queijo por alguns pacotes de sabão em pó. Por isso, fingi não ver os normandos, para pôr em seu lugar a descrição de um ritual de vassalagem.

A gente sabe que cada formação social superou o feudalismo em épocas diferentes e por processos diferenciados. Isso quer dizer que toda tentativa de generalização apressada produz principalmente besteiras, pois houve até quem enxergasse feudalismo no Brasil, não é mesmo? Em todo caso, na bibliografia existem indicações suficientes para contornar a questão. O resto fica por conta da imaginação de professores e alunos: juntos, devem procurar navegar por outros mares, onde a imaginação possa constituir asas para novos e novos voos...

P. Qual pode ser, para o estudante brasileiro de hoje, o interesse do estudo do feudalismo?
R. Existem várias maneiras de considerar a História. A minha é que ela só pode ter sentido quando servir, de alguma forma, a quem a conhece. Honestamente, não é fácil justificar para um jovem brasileiro de hoje a importância do estudo da Idade Média e do feudalismo, independentemente da classe social a que ele pertença. E digo mais: se esse estudo o desvia de suas preocupações, tirando-o do mundo em que vive, deve deixá-lo para outra ocasião.

Para ser mais prático, conhecer o tema do feudalismo pode servir para um melhor desempenho na prova de História; pode ajudar num exame vestibular e outras coisas do gênero; para não falar na pretensão de que o contato com o assunto pode despertar vocações...

Em todo caso, gostando ou não de História, parece importante as pessoas perceberem que mantêm entre si relações mais abrangentes do que as simples ligações familiares e que essas relações mergulham em tempos remotos, passam pelo presente — onde vivem de fato as pessoas — e lançam suas amarras rumo ao futuro. Assim, não acho possível, por exemplo, conhecer a história do nosso país após a invasão dos europeus desconhecendo a história da Europa dos séculos XV e XVI.

Em resumo, é na encruzilhada das vidas individuais e das formações sociais — cada uma (vida e sociedade) com sua historicidade própria — que o estudo do feudalismo ou de qualquer outro tema ou período pode ser justificado. Para levá-lo adiante, contudo, há necessidade de envolvimento, e para que esse envolvimento produza seus frutos é necessário que se estabeleça uma relação de afetiva fecundidade entre aquele que estuda e o tema que está estudando; entre aquele que quer saber e aquilo que quer saber.

É por isso — e não em razão da distância, no tempo e no espaço, entre nós e o fenômeno tratado — que o estudo do feudalismo será dispensável. A Lua toca nossa sensibilidade pelo seu brilho e por aquilo que os poetas e amantes fizeram dela, não por estar mais próxima, por exemplo, do que a casa do vizinho. E, se o estudo da Idade Média ainda parece absurdo, é porque os contadores de história tentaram fazer dela um período de trevas, desprovido de vida e emoção.

P. O que são, para você, os "contadores de história"? Ficcionistas, mentirosos ou, simplesmente, maus historiadores?
R. Para mim não existem maus historiadores, assim como não existem maus profissionais de qualquer outra área de atividade. Um "picareta" que trabalha mal a madeira não é um mau marceneiro; simplesmente, não é um marceneiro. Eu penso assim também a respeito do trabalho do historiador: não existem maus historiadores; muitos que se dizem historiadores não o são. Também não são mentirosos, porque a mentira, embora seja um dos principais elementos de que se valem os que trabalham com verdades, em si não me preocupa: um *bom* mentiroso consegue ser melhor do que um simples repetidor de verdades alheias...

Em resumo, o que me aborrece em vários trabalhos historiográficos é a relação platônica que seus autores mantêm com a originalidade e com a imaginação criativa, limitando-se a reproduzir informações jamais avaliadas. Evidentemente, essa criatividade tem limites, porque eu não posso sair por aí dizendo que Clóvis foi batizado pelo bispo Sardinha durante a primeira missa rezada no Brasil, o que seria quase uma reedição do "Samba do crioulo doido"... Também não quer dizer que o trabalho historiográfico só tem valor quando apresenta coisas absolutamente inéditas. Para mim, a originalidade do historiador está em trabalhar à *sua* maneira as informações: não é a invenção de palavras que faz de alguém um poeta, mas o uso que se faz de palavras que estão nos dicionários à disposição de todo mundo.

Agora, chego à outra parte da pergunta: seriam ficcionistas os "contadores de história"? Não. Melhor se fossem, porque aprendi muito mais nos romances que Sigrid Undsert* ambientou na Idade Média norueguesa, por exemplo, do que em muitos livros que li sobre o período.

---

* Trata-se da trilogia sobre Cristina Lavransdatter: *A coroa*, de 1920; *A esposa*, de 1921; e *A cruz*, de 1922. Com esses livros, o autor recebeu o Prêmio Nobel de Literatura de 1928.

Afinal, por mais que isso possa irritar algumas pessoas, não parece importante entrar na briga dos "contadores de história". Todo mundo, quando não consegue outra maneira de ganhar a vida, precisa trabalhar. E, se todos achassem que a História já foi contada inteirinha e de modo verdadeiro, acabariam por ficar sem emprego, não é verdade? Além disso, os "contadores de história" estão ficando cada vez mais vaidosos, uns mais, outros menos, como todas as pessoas. Alguns deles gastam suas vidas vasculhando papéis velhos, na esperança de fazer um trabalho "superior a todos os que já apareceram" sobre determinado tema, enquanto outros passam seus dias contemplando a própria imagem, o que deixa pouco tempo para o trabalho...

Pergunta meio cruel esta, não? Eu mesmo — pretenso historiador em início de carreira —, será que não passei o tempo todo insinuando que *minha* maneira de *contar* esta história é mais criativa que as outras?

Pois é. Agora não há mais remédio...

1. *O cenário*

sta história se passou onde hoje é a Europa. Para ser mais exato, na parte ocidental da Europa, quando os países que atualmente fazem parte dela ainda não existiam. Antes de falar da época e dos personagens, vamos cuidar um pouco de desenhar o cenário onde ela se passou, pois foi o espaço natural um dos principais responsáveis pelos rumos que tomou.

Naqueles tempos distantes, que começam há 1 500 anos mais ou menos, o território europeu era dominado por florestas. As "cidades" eram como pequenas e raras manchas de óleo nas bordas de um imenso oceano vegetal que se estendia até os confins do mundo conhecido. A floresta era tão importante que o contato dos homens com as árvores se refletia em todos os aspectos de sua vida: da arte à religião, passando pela forma como se lutava pela sobrevivência, a subordinação à natureza era quase total. Quem não associa às florestas as histórias que se contam sobre aquela época? Uma das mais famosas — a de Robin Hood — começa quando o herói mata um guarda que o ataca por ele ter caçado um veado na floresta real. E não foi a floresta de Sherwood que lhe deu o abrigo de onde saía com seu alegre bando para lutar contra as injustiças do xerife de Nottingham e do príncipe João?

Pois bem, se naquele tempo os homens mantinham contato mais íntimo com a natureza, é fácil imaginar que as condições do clima tinham papel importantíssimo em suas vidas. Chuvas ou invernos rigorosos, que prejudicavam as colheitas, eram responsáveis por largos períodos de fome. E se hoje sabemos pouco sobre esses acontecimentos é porque os responsáveis por seu relato ignoravam a vida das pessoas humildes e tratavam esses fatos como se fossem castigos divinos.

A peste negra (1346-1350) despovoou a Europa ocidental.
No quadro, habitantes de Tournai sepultam seus mortos
(Bibliothèque Royale de Bruxelas).

A fome também era causada pelo baixo rendimento do trabalho agrícola, pois os instrumentos usados para lavrar a terra eram rudimentares e, em sua maior parte, de madeira. O ferro era tão raro e valioso que o simples roubo de uma faca era punido rigorosamente. Daí a importância dos trabalhadores manuais. Por isso quando alguém diz, hoje, que naquele tempo o que importava era possuir terras, está se esquecendo de que isso só tinha valor de fato porque junto com a posse da terra vinha o poder sobre os homens e seus grosseiros instrumentos agrícolas.

E do que se alimentavam aquelas pessoas? Quando se alimentavam, era basicamente de alguns legumes e cereais, principalmente o trigo, pois a criação estava resumida a algumas vacas, carneiros e porcos. E mesmo a caça restringia-se a alguns territórios, sendo privilégio dos nobres, que tinham direito sobre as terras e tudo o que nelas havia.

A caça restrita, a baixa produção agrícola, o rebanho reduzido, as catástrofes naturais — tudo somado fazia com que a população vivesse sob o risco constante da fome. E atrás da fome vinham as doenças e pestes, assenhoreando-se de corpos desnutridos e submetidos ao trabalho pesado. De tudo isso restam como provas antigos cemitérios que hoje são escavados para mostrar o espetáculo de aldeias inteiras que desapareceram, dos adultos às crianças, oferecendo o testemunho de uma época em que a principal questão da vida era lutar contra a natureza e contra aqueles que dela se apoderavam, para tentar garantir a sobrevivência.

2. A época

Uma viagem no tempo

á vai longe o tempo em que as pessoas se reuniam para ouvir alguém contar uma história. Hoje, quase ninguém mais quer ouvir histórias e muito pouca gente sabe contar coisas que prendam a atenção das pessoas. Mas ainda há um tipo de história que quase todos gostam de escutar: histórias de viagens. Quando nos reunimos para ouvir um amigo ou parente falando de suas experiências é como se também tivéssemos conhecido pessoas e cidades de países distantes, com seu modo de vida diferente e tantas vezes fascinante. Admiramos o viajante e nos sentimos agradecidos quando ele nos faz imaginar o que conheceu e viveu.

Nos dias de hoje, as possibilidades de viajar são muitas e, curiosamente, o viajante contador de histórias está desaparecendo. Ninguém mais espera alguém descrever um terremoto que aconteceu no outro lado do planeta, porque, poucas horas depois, suas imagens já estão na tela de um televisor colocado em nossa sala. E assim acontece com a guerra no Oriente ou na América Central, com a fome na Etiópia, um jogo de futebol, o assassinato de um presidente e tantas outras coisas.

E quanto às viagens no tempo? O homem tem sonhado muito com a possibilidade de viajar para o passado ou o futuro, para conhecer mundos primitivos ou antecipar a realização de suas ficções. E a História — que pode ser muitas coisas — também pode, dependendo do caso, ser uma viagem. Uma viagem no tempo! Pode ser uma viagem que dispensa aviões supersônicos e comunicações por satélite, mas que depende de alguém para contar e alguém disposto a ouvir. Para ser mais exato, depende de uma pessoa que escreva e de outra que leia. Tudo isso também exige imaginação e vontade de viajar, principalmente quando a história que se quer contar aconteceu há mais de mil anos, com pessoas desconhecidas e separadas de nós, no tempo e no espaço.

E qual o interesse em saber como e onde viviam esses nossos antepassados, em lugares que não podemos visitar? Cada um tem seus motivos para gostar ou não de História, mas, além de muitas outras coisas, ela também pode ajudar-nos a enxergar melhor o presente e a conhecer mais de perto a vida dos seres humanos, o que inclui cada um de nós. A História deve deixar de vez de ser uma coisa chata, que procura explicar datas e nomes com palavras incompreensíveis, que nunca usamos na vida diária. Este livrinho mesmo tem na capa uma palavra que só existe nos livros de História: *feudalismo*. O que é isso? É o que pretendo contar, como se fosse uma viagem que faríamos no tempo e no espaço, através de um mundo diferente do nosso, povoado por pessoas com hábitos diferentes, que se vestiam e comiam de maneira própria, que gostavam ou não de coisas também diferentes das que gostamos ou não. Só não podemos nos esquecer de uma coisa: é de seres humanos como nós que esta história vai tratar.

Exemplo de residência senhorial na Inglaterra, no século XII.

Idade Média?
Uma história muito mal contada

Para entender o que é feudalismo é preciso conhecer um pouco a história de um período chamado Idade Média. E para saber o que foi a Idade Média é necessário começar desconfiando muito do que já se disse, ainda se diz e vai continuar sendo dito sobre ela. Quem já não ouviu, até em telenovela, adolescentes revoltados contra a autoridade dos mais velhos dizendo: "Nós não estamos na Idade Média!"? E há muitos "mais velhos" que dizem o mesmo para outros "mais velhos". Porém uma coisa é certa: quase ninguém sabe do que está falando, inclusive alguns contadores de história, que, querendo contar as coisas de modo diferente, acabam mostrando uma Idade Média em que a vida deixou de existir. Mil anos de atraso e escuridão, quebrada apenas pelas velas de mosteiros e palácios, onde gerações se sucederam somente para esperar a chegada dos Tempos Modernos, quando tudo seria diferente. Mil anos de hibernação, à espera de um calorzinho que viesse despertar o mundo de um sono profundo, devolvendo as pessoas ao sol do progresso e da marcha para a frente.

Não é fácil desmanchar essas ideias todas, ainda mais quando se pretende contar sem muita pretensão uma história. Entretanto, não é preciso ser muito inteligente para imaginar que uma noite de mil anos se abatendo sobre gerações e gerações não faz muito sentido. Na verdade, cada um olha as coisas à sua maneira, mas olhar para o passado sem considerar as diferenças que existem em relação ao presente só pode distorcer a imagem. Vejamos um exemplo. Se uma pessoa, nos dias de hoje, olhar à sua volta, vai ver uma porção de coisas que não existiam na Idade Média: televisor, geladeira, rádio, aparelho de som, motos e automóveis, panela de pressão, chuveiro, telefone, trens e uma infinidade de objetos que devemos ao "progresso". Só uma coisa é a mesma: a pessoa. E se pensarmos que as coisas são produzidas, de fato, pelo trabalho das pessoas, aqueles que viviam na Idade Média produziam outras coisas porque seu modo de vida era diferente. Assim, apesar de enormes, essas diferenças são muito poucas para que se considere a vida como inexistente em todo aquele período da história da humanidade.

Mas, afinal, quando começou, precisamente, a Idade Média? Um período da História *nunca* pode começar em um dia exato, seja qual for, pois um "grande fato", quando acontece, nada mais é do que o resultado de acontecimentos e mudanças que já vinham em andamento. E essas mudanças e acontecimentos são normalmente muito mais importantes do que as "grandes datas". Por isso, por mais que se tente, é impossível conhecer o dia em que os Tempos Medievais começaram.

Homens e impérios: um destino semelhante

E agora? Como faremos para contar uma história que não tem começo exato? Para começarmos a entender isso é preciso lembrar que os impérios — assim como os homens — nascem, crescem, entram em decadência e morrem. Não podemos esquecer também que, enquanto isso acontece com os impérios e os homens, outras vidas vão se formando e criando relações entre si, ora ajudando o crescimento, ora acelerando a decadência de uns e outros. E foi isso o que aconteceu com o grande império que os romanos construíram na Antiguidade.

Nas fronteiras do Império Romano viviam os povos germânicos, e é comum começar a história da Idade Média no século V d.C., quando esses povos, lançando-se uns contra os outros, "invadiram" os domínios do Império. Assim, nossa história deveria começar há cerca de 1 500 anos, quando os "bárbaros" cruzaram as fronteiras do Império Romano. Essas invasões nem sempre foram violentas, pois muitos "bárbaros" instalaram-se nas terras na qualidade de trabalhadores agrícolas, enquanto muitos outros tornaram-se integrantes dos próprios exércitos romanos. Assim, seria mais certo dizer que esta história começa com a migração dos povos germânicos, pois "bárbaros" era a denominação que os *romanos* davam a todos os que não faziam parte de seu império.

Na verdade, os contatos entre "bárbaros" e romanos já se davam havia muito tempo e começaram pelo menos trezentos anos antes das "invasões". Então foram os romanos que marcharam sobre os territórios germânicos, ocupando temporariamente parte deles. Isso aconteceu no século I d.C., quando os germânicos tinham um modo de vida totalmente diferente dos romanos.

E como viviam esses "bárbaros"?

Relevo de um sarcófago romano representando uma suposta derrota dos bárbaros pelas legiões romanas.

Ninguém era dono das terras, e todos os anos os principais chefes de família de uma tribo escolhiam a parte do solo que seria cultivada e distribuíam as parcelas entre as famílias e grupos de famílias. Só os rebanhos eram de propriedade privada, e o número de animais determinava a riqueza dos principais guerreiros das tribos. Em tempos de paz, não tinham chefes com autoridade sobre todo o povo; era apenas em tempos de guerra que escolhiam seus chefes militares.

Além disso, entre romanos e germânicos existia um sistema de trocas comerciais, e foram todos esses contatos que afetaram profundamente a vida dos dois povos. Do lado dos "bárbaros", os chefes guerreiros passaram a exportar gado e escravos, capturados no ataque a outras tribos. As terras passaram a ser atribuídas diretamente a indivíduos, que começaram a acumular poder e riqueza. Do lado dos romanos, pode-se dizer que os "bárbaros" já haviam "conquistado" pacificamente o império, pois durante séculos participaram dos trabalhos no campo e dos exércitos, além da própria administração imperial. Assim, os germânicos puderam assimilar a cultura romana e, quando tomaram o poder político, poucas mudanças precisaram ser feitas.

Por tudo isso, quando alguns desses povos "bárbaros" (suevos, vândalos e alanos) atravessaram o rio Reno, na noite de inverno de 31 de dezembro de 406, as portas do Império já estavam abertas. Anos depois, quando outro povo germânico (os visigodos) saqueou Roma, o centro vital, elas foram escancaradas. Depois disso, uma após outra, as cidades — que já vinham atravessando longa e profunda crise — foram caindo, e a unidade do Império Ocidental foi desfeita para sempre. No lugar daquela unidade formaram-se Estados "bárbaros" de curta duração, e só o que se manteve foram as relações sociais. O trabalho agrícola — do qual se ocupava a maior parte da população — continuou baseado na mão-de-obra escrava, e nos centros administrativos os chefes "bárbaros" logo se aliaram aos antigos proprietários de terra romanos.

A unidade do Império Romano estava desfeita para sempre, e os povos "bárbaros" espalharam-se por todo o território outrora submetido a Roma. Para a península Ibérica rumaram inicialmente os alanos, os suevos e os vândalos. Em seguida, para o mesmo local seguiram os visigodos, que empurraram os suevos para o atual território português. Pelos mesmos visigodos também foram expulsos os vândalos, que estacionaram no norte da África, de onde puderam conquistar por pouco tempo algumas importantes cidades italianas. Para a Itália foram também os visigodos, seus irmãos ostrogodos e, mais tarde, os lombardos. Quanto à região da Gália — onde está a França, atualmente —, chegou a ser dividida entre romanos, visigodos, burgúndios e francos, até que os últimos conseguissem assumir o poder sobre o vasto território.

As peças moviam-se no tabuleiro político sobre o qual se formava a Europa, e até que uma direção mais forte se estabelecesse muitos anos se passariam. Os grupos "bárbaros", embora se assemelhassem por suas tradições e pela língua quase comum que servia para suas comunicações, estavam longe de formar uma etnia. Durante muito tempo, enquanto duraram as perambulações pela Europa, quem os fascinou foi Átila, rei dos hunos. O povo huno, após dominar a China por cerca de trezentos anos, voltou-se contra o Ocidente, atacando gregos e germânicos. Ainda hoje se acredita que foram os hunos os causadores das "invasões" germânicas, pois sua violência guerreira, ao voltarem da Ásia e lançarem-se sobre os germânicos, teria forçado esses povos a colocarem-se em marcha na direção do Império Romano.

O terror que fascinava: os hunos

E como eram esses hunos?

Conduzidos inicialmente por Rugilas e depois por seu famoso sobrinho Átila, montavam cavalos de baixa estatura e eram considerados os mais ferozes de todos os "bárbaros". Referindo-se a eles, um romano de nome Amiano Marcelino, que viveu no século III d.C., deixou a seguinte descrição:

O povo dos hunos, pouco conhecido pelos antigos monumentos, vivendo por trás da lagoa Meótis [o mar de Azov], perto do oceano Glacial, excede todos os modos de ferocidade. Todos eles têm membros compactos e firmes, pescoços grossos, e são tão prodigiosamente disformes e feios que os poderíamos tomar por animais bípedes ou pelos toros desbastados em figuras que se usam nos lados das pontes. Tendo porém o aspecto de homens, embora desagradáveis, são rudes no seu modo de vida, de tal maneira que não têm necessidade nem de fogo nem de comida saborosa; comem as raízes das plantas selvagens e a carne semicrua de qualquer espécie de animal, que colocam entre as suas coxas e os dorsos dos cavalos para aquecer um pouco.

Vestem-se com tecidos de linho ou com peles de ratos silvestres cosidas umas às outras, e esta veste serve tanto para uso doméstico como de fora. Mas uma vez que meteram o pescoço numa túnica desbotada, não a tiram ou mudam até que pelo uso quotidiano se faça em tiras e caia aos pedaços.

Cobrem as cabeças com barretes redondos e protegem as pernas hirsutas com peles de cabra; os seus sapatos não têm forma nenhuma e por isso impedem-nos de caminhar livremente. Por esta razão não estão nada adaptados a lutas pedestres, vivendo quase fixados aos cavalos, que são fortes, mas disformes, e por vezes sentam-se à amazona e assim executam as tarefas habituais. É nos seus cavalos que de dia e de noite aqueles que vivem nesta nação compram e vendem, comem e bebem e, inclinados sobre o estreito pescoço do animal, descansam num sono tão profundo que pode ser acompanhado de sonhos variados.

Ninguém entre eles lavra a terra ou toca num arado. Todos vivem sem um lugar fixo, sem lar nem lei ou uma forma de vida estabilizada, parecendo sempre fugitivos nos carros onde habitam; aí as mulheres lhes tecem as horríveis vestimentas, aí elas coabitam com seus maridos, dão à luz os filhos e criam as crianças até a puberdade. Nenhum deles, se for interrogado, poderá dizer donde é natural, porque, concebido num lugar, nasceu já noutro ponto e foi educado ainda mais longe.

Entretanto, ao mesmo tempo que aterrorizavam, Átila e suas tribos guerreiras representavam para os germânicos em movimento o modelo de organização política mais fácil de copiar. Mas, à medida que os germânicos foram se fixando no território, o nomadismo dos hunos de pouco lhes servia, e os "bárbaros" passaram a acalentar a ideia de reconstruir o Império, sob sua direção.

Reconstruir o Império!

Se a ideia parecia escolhida, sua realização esbarrava na dificuldade de reunir forças suficientes para levá-la avante. A primeira tentativa foi feita pelos godos (ostrogodos, ou godos "brilhantes", e visigodos, ou godos "sabedores"). Mas a reunião de todos os reis "bárbaros" numa aliança que se estenderia da Alemanha à África não se efetivou, e o Império Gótico, que ainda teria Roma como centro, não chegou a se formar.

Depois da tentativa dos godos, aconteceu a dos francos, que, sob a liderança de Clóvis, conseguiram afinal dar início à formação de uma unidade duradoura, embora muitas vezes ameaçada por lutas internas pelo poder.

Na ascensão dos francos, a Igreja Romana teve papel de destaque. Por quê? Qual seria a relação entre o poder político sobre os homens e a crença religiosa? A maior parte dos povos "bárbaros", ao abandonar suas crenças de origem pagã, passava a seguir um ramo do cristianismo contrário à Igreja de Roma.

Esse ramo era o arianismo, doutrina que considerava Cristo como uma criatura de natureza intermediária entre a divindade e a humanidade, o que era condenado pela Igreja de Roma e tachado como heresia. De todos os "bárbaros" instalados no continente, apenas os francos continuavam pagãos. A Igreja Católica evidentemente condenava tanto o arianismo como o paganismo, mas acumulara tanto poder que os próprios imperadores precisavam de seu apoio para poderem se impor.

Clóvis, rei dos francos, se deu conta disso e (dizem que por influência de Clotilde, sua mulher) converteu-se ao catolicismo, levando todo o seu exército a fazer o mesmo. Assim, após submeter todos os pequenos reinos francos e vencer os outros povos que ocupavam a Gália, conseguiu o apoio da Igreja, a única força que se manteve e se ampliou durante as "invasões" e depois delas.

A unidade dos francos dava seus primeiros passos, tantas vezes dificultados pelas disputas sangrentas que aconteciam toda vez que morria o soberano. E sempre que isso ocorria, o que se buscava, além do poder político, era o poder sobre a terra e sobre os homens que a trabalhavam.

Para a consolidação do Estado franco foi preciso quase trezentos anos, mas não importa para nossa história cantar as glórias ou justificar os fracassos de seus dirigentes. Não são esses heróis individualmente que nos interessam aqui, pois já foram e ainda são suficientemente enaltecidos por contadores de história que admiram o brilho das coroas, dos mantos e paramentos. As bibliotecas estão repletas de livros assim, que mostram os humildes — quando aparecem — fazendo apenas o papel de figurantes, como nos filmes de Hollywood: sua função é cavalgar na frente das câmaras, levar um tiro, cair do cavalo e desaparecer de cena.

E como vamos fazer esses humildes aparecerem na nossa história? É fácil perceber que a História não se faz apenas de reis, papas, imperadores e conquistadores, com seus rituais, batizados e batalhas. Hoje nós os encontramos nas ruas, nos ônibus, nos seus locais de trabalho. E na Idade Média, há mil e tantos anos, onde encontrá-los? É fora dos castelos e conventos, locais em que, quando aparecem, é na posição de escravos ou servos. Para conhecer esses humildes, devemos voltar nossos olhos para o campo. É lá — tratando da terra e do gado, que quase nunca lhes pertenciam — que podemos enxergar esses personagens da nossa história.

Antes de falar deles, parece ter chegado o momento de explicar um pouco o poder da Igreja, pois é preciso conhecer sua importância na Idade Média para compreender melhor o período.

3. A Igreja — um poder absoluto

Os cristãos: de perseguidos a perseguidores

Enquanto a unidade do Império Romano se desfazia lentamente, a crença dos homens em seus vários deuses também começou a ser abalada. O prestígio crescente do cristianismo foi mais um sintoma de que o corpo do Império adoecera para não mais se refazer. Pouco a pouco, a força de uma religião exclusivista, baseada na crença de um deus único e senhora da verdade absoluta, impunha sua autoridade sobre uma infinidade de deuses que brilhavam aqui e ali, num céu que parecia escurecer-se, cada vez mais, para esconder os grandes medos, experimentados principalmente por aqueles que ainda dirigiam os destinos do Império e das pessoas submetidas à sua autoridade.

Os últimos imperadores tentaram impor o culto ao Sol, mas fracassaram. Seu fracasso pode ser entendido se lembrarmos que os astros ainda estavam longe de dirigir a vida das pessoas, que continuavam a ser conduzidas por outras pessoas. Como sempre.

Todos nós já assistimos a grandes produções cinematográficas nas quais os primeiros cristãos eram atirados aos leões para diversão da população romana. Isso realmente acontecia, mas, enquanto crescia o número de seus mártires, a nova religião também ampliava sua importância. Aqueles que a ela aderiam acreditavam ter descoberto o caminho único da salvação: de nada lhes importava que seus corpos fossem devorados, mutilados ou queimados, pois isso resgataria suas almas e os levaria ao céu e à eterna felicidade.

Pouco a pouco, porém, o espírito de disciplina dos primeiros cristãos mostrou que poderia ser útil não só para garantir o acesso ao paraíso, podendo ajudar também na realização de ambições mais terrenas. Os últimos imperadores romanos perceberam isso e começaram por assumir uma posição de tolerância em relação ao cristianismo. Depois, propôs-se a excomunhão de todos aqueles que se recusassem a prestar o serviço militar, e não levou mais de cem anos para que os perseguidos dos primeiros tempos se transformassem em perseguidores. Inicialmente, fizeram com que se proibisse a realização dos cultos pagãos nas cidades — apesar de a população rural, em sua maioria, continuar ligada a eles — e, depois, que fossem colocados fora da lei.

Com essas medidas, os imperadores davam mostras de não mais se contentar com seu reinado sobre os homens na Terra e de admitir o poder do cristianismo para ajudá-los a ampliar seu império até o céu. A nova religião monoteísta foi o caminho perfeito para estabelecer essa ligação, transformando-se logo depois na maior beneficiária dessa política.

Com isso, mais um poderoso elemento apareceu no cenário político e nas mentalidades: o que importava agora não era apenas lutar contra os "bárbaros não civilizados", mas também promover a batalha dos crentes possuidores da verdade contra os pagãos infiéis.

São Francisco de Assis, sermão aos pássaros. *Detalhe do quadro de Bonaventura Berlinghieri, de 1235. (Igreja de São Francisco, em Pescia, Itália.)*

Todos já ouviram a famosa frase que, no Evangelho, orienta no sentido de separar o poder de César e o poder de Deus. Entretanto, o crescimento da importância do cristianismo baseou-se na ampliação de sua importância para os governantes — aqueles que dirigiam a Cidade dos Homens. Contra os adoradores da força, a nova religião recomendava a valorização dos pacíficos, dos humildes e dos pobres, e foi esse, sem dúvida, o principal conselho que a Igreja deu à Idade Média, quando sua voz — e quase só ela — pôde ser ouvida por todos. E esse "todos" incluía, evidentemente, os "bárbaros" pagãos, em cujo seio se aventuravam os monges, com a intenção de ganhá-los para a nova fé.

A pesagem das almas. *Detalhe de um retábulo do Mestre de Soriguerola* (*românico*). (*Museu de Arte da Catalunha, Barcelona, Espanha.*)

Nem todos os monges, contudo, dedicaram sua vida a perambular pelos campos e aldeias para converter pagãos ou heréticos arianos. Muitos deles voltaram-se para o recolhimento nos conventos, ora dedicando-se à meditação, ora atravessando seus dias a copiar e a traduzir os pensadores clássicos, que a sociedade, caída na "barbárie", deixara esquecidos. É bom lembrar que esses livros serviram apenas para enriquecer as bibliotecas dos conventos e palácios, não tendo nenhuma utilidade para as pessoas "comuns" e iletradas que compunham a maioria absoluta da população. Com isso, a Igreja — além de acumular riquezas materiais, através de doações de fiéis e de outras medidas de menor santidade — foi se transformando no único depósito de cultura e conhecimentos, num imenso contingente de pessoas que gastavam suas vidas apenas no duro trabalho diário, feito nas propriedades dos nobres e também nas da Igreja, que ganhara sua alma ao lhes dar a esperança de serem recompensadas por um paraíso sem privações.

Poder sobre as almas, poder sobre os homens

O rei era a maior autoridade da época. Mas quem detinha o poder de fato era a Igreja, de cujo apoio até os reis dependiam para exercer a autoridade. Não se pode pensar em feudalismo ou Idade Média sem considerar essa realidade: a Igreja foi o principal personagem, impondo os valores do cristianismo a todas as esferas da vida. Para compreender isso, é preciso distinguir o que entendemos hoje por poder — quase sempre relacionado à soberania política ou ao Estado — daqueles poderes que estavam concentrados nas mãos da Igreja.

Durante a época feudal, pode-se dizer que a descrença era impossível: Deus era testemunha de qualquer compromisso, todas as atividades deviam ser abençoadas, as distrações precisavam de um pretexto piedoso, o tempo era medido pelas horas da religião, as doenças e os insetos que devoravam corpos e plantações deviam ser esconjurados e — quando não se invocava diretamente a divindade — as verdades só eram aceitas após o juramento sobre os Evangelhos.

As garras do diabo. *Tímpano da catedral de Autun, em Saône-et-Loire, França, século XII.*

Ao mesmo tempo, aquela foi a época em que a figura do demônio teve grande prestígio. Os homens procuravam não provocar a ira divina, mas deviam também escapar das armadilhas que o anjo do mal preparava em toda parte, ameaçando triunfar sobre a Terra, seduzindo homens, mulheres e até gerando crianças... Por isso, os fiéis — se quisessem merecer a Cidade de Deus — deveriam abrir mão da Cidade dos Homens, ou melhor, deixar que suas vidas fossem conduzidas pelos intermediários entre eles e a divindade. E na luta do bem contra o mal a vitória coube à Igreja.

Grande proprietária

Enquanto o rei e a nobreza tinham suas propriedades divididas por casamentos, heranças, favores e lutas constantes, a Igreja pôde acumular entre 20% e 35% de todas as terras.

Um texto do século VII mostra como a Igreja — assim como os senhores a ela não ligados — procedia para fazer crescer sua riqueza. O vassalo (ou servo), que assumia essa condição por toda a sua vida, assim se expressava:

> *Ao venerável padre em Cristo, o senhor abade do mosteiro de tal e a toda a sua congregação aí residente. Eu, em nome de Deus, venho até junto de vós com um pedido de precário [contrato através do qual se obtinha o benefício, ou seja, a concessão para cultivar a terra para o próprio sustento]. De acordo com a minha petição, decidiu a vossa vontade e dos vossos irmãos que aquela vossa propriedade (...) me devesse ser entregue, por vosso benefício, enquanto eu fosse vivo, para a usufruir e cultivar; o que assim fizestes. E prometo-vos pagar (em cada ano, uma importância em moeda). E se eu me descuidar ou aparecer tardiamente, que vos faça uma promessa de pagamento ou vos satisfaça (o devido), não perdendo eu esta propriedade enquanto for vivo. (...) E depois da nossa morte voltará ao vosso domínio com os melhoramentos e acrescentamentos (que eu tenha feito), sem qualquer reclamação por parte dos meus herdeiros.*

A riqueza da Igreja mantinha-se e crescia assim e principalmente devido à organização do clero, que não dava margem ao surgimento de problemas de heranças, que decorreriam de casamentos ou de outras alianças. Além disso, o recebimento de dízimos, as doações por penitência, a cobrança de tributos feudais e o envolvimento direto nas lutas territoriais, tudo isso somado fez com que a Igreja se transformasse em detentora da primeira riqueza da Idade Média. Soberana das almas, ela também se fez senhora de vasto território e das pessoas que nele viviam.

Vitral da Igreja de Saint-Jacob, em Flums, Suíça, século XII.

Os pedreiros. Detalhe do relicário de Saint-Culmin, em Mozac, França, século XII.

Medindo e controlando o tempo

Leia o trecho seguinte:

> *[...] especialmente nos dias de inverno, o ofício das matinas começa quando ainda está alta a noite e a natureza toda adormecida, porque o monge deve levantar-se na escuridão e na escuridão rezar, esperando o dia e iluminando as trevas com a chama da devoção. Por isso a regra predispôs sabiamente vigilantes que não repousavam como os demais, mas passavam a noite recitando ritmicamente o número exato de salmos que lhes desse a medida do tempo transcorrido, de modo que, ao término das horas dedicadas ao sono dos outros, aos outros davam o sinal de vigília.*

Bonitas palavras, não é mesmo? Elas estão no livro *O nome da rosa*, de Umberto Eco, um dos raros romances ambientados historicamente na Idade Média. Quem lê o livro observa que os capítulos têm por títulos palavras como *matinas, laudes, primeira, nona*, etc., ou seja, as horas canônicas ou litúrgicas pelas quais os religiosos orientavam suas atividades.

As *matinas* que aparecem no trecho citado correspondem ao período das 2h30 às 3 h da madrugada, quando os monges começavam sua reza diária, bem antes de o galo — o "despertador" daqueles tempos — anunciar o nascer do sol. O autor do livro também fala dos *vigilantes*, que passavam a noite recitando salmos para marcar o tempo, funcionando como uma espécie de mecanismos humanos de um grande relógio: o relógio divino.

As horas canônicas eram anunciadas pelo toque dos sinos, que mandavam a distância o som que funcionava como a voz da eternidade, marcando o tempo de todas as pessoas: tempo de repouso e tempo de trabalho; tempo de oração e tempo de festa; tempo de vida e tempo de morte. Mais da morte do que da vida, na verdade, porque aquele tempo, marcado e controlado pela Igreja, também anunciava o Apocalipse, a esperança de salvação dos homens, principalmente dos oprimidos.

Assim, o controle sobre o tempo foi uma das principais atribuições da Igreja. E isso durou até que os relógios mecânicos, tempos depois, viessem ocupar o lugar dos sinos, até que o tempo dos homens passasse a ser marcado e controlado por outros senhores — não mais os que diziam guiar as almas para o paraíso, mas aqueles que dirigiam os corpos para o trabalho — os patrões. Porém, antes que os patrões assumissem o lugar da Igreja no controle sobre o tempo das pessoas, a história dos homens foi a história da Igreja. Essa poderosa instituição controlava e media um tempo que "começa com Deus" e "é dominado por Ele", falava em nome de Cristo, que "abolira" lendas e doutrinas sobre o destino dos homens após a morte, lançando a ideia da salvação. E, para que se realizasse a possibilidade de salvação eterna, recomendava a renúncia aos bens terrenos — que também significava a aceitação de uma vida miserável —, a entrega de dízimos e a doação de riquezas acumuladas, o que muitos mercadores chegaram a fazer no fim de suas vidas, transferindo-se, com toda a sua fortuna, para os conventos.

Caricatura inglesa. Raposa disfarçada de bispo pregando aos gansos, segundo G. M. Trevelyan.

Estabelecendo as relações de parentesco

Na Idade Média, a palavra *familia* (sem acento, mesmo...) tinha um sentido próprio, diferente do atual. Em resumo, dos vários significados encontrados, a *familia* designava o conjunto de servos ou dependentes, de diversas categorias, que se encontravam num domínio senhorial, assim como também todos os habitantes de um mosteiro, incluindo os monges, ou mesmo os que pagavam tributos à Igreja. Isso não quer dizer que as pessoas ignorassem suas relações de parentesco "natural". Ao contrário, era necessário conhecê-las muito bem, porque a Igreja proibia o casamento de pessoas que tivessem laços familiares próximos.

Os casamentos medievais eram indissolúveis, sendo rigorosamente condenada qualquer prática de poligamia. Assim, era quase impossível contornar os obstáculos "legais" e, mais ainda, os morais que a época impunha, impedindo que as pessoas se unissem quando quisessem e a quem bem desejassem. E é bom lembrar que era comum os pais prometerem os filhos em casamento desde os primeiros anos de vida, com o objetivo de ampliar riquezas: em primeiro lugar, "casavam-se" as propriedades e, depois, as pessoas.

Eva colhendo o fruto proibido. *Baixo-relevo românico da catedral de Saint-Lazare de Autun, século XII.*

Essa situação atingia pessoas dos mais variados níveis sociais, e até os nobres estavam sujeitos a ela. Em 1221, tendo morrido o marido, Matilda, condessa de Nevers, deu "a conhecer a todos quantos vejam esta carta, que jurei sobre o sagrado Evangelho a meu senhor mais querido, Philip, pela graça de Deus o ilustre rei da França, que lhe prestarei serviços bons e fiéis contra todos os homens e mulheres vivos, e que não casarei senão por sua vontade e graça".

Outros textos mostram casos semelhantes. Muitas vezes a viúva, querendo casar-se outra vez, devia pagar multa ao senhor; outras, pagava multas para não ser obrigada a casar-se, podendo permanecer fiel ao finado... Evidentemente, esses casos referem-se a pessoas de posses, pois aos servos era permitido "crescer e multiplicar-se", principalmente para que não faltassem braços para o trabalho. De qualquer modo, tais casos — além de fornecerem elementos sobre os laços de vassalagem, que vamos conhecer mais para a frente — chamam a atenção para o caráter artificial do parentesco, no qual o amor às vezes contava, mas corria o risco de virar escândalo ou coisa pior, como aconteceu com Abelardo, um dos mais importantes pensadores do século XII.

Antes de tornar-se padre, Abelardo recebeu de Fulberto, cônego de Nossa Senhora de Paris, a incumbência de educar sua sobrinha Heloísa, jovem de 17 anos. "Os livros eram abertos", escreveu mais tarde Abelardo, "mas as palavras que surgiam eram muito mais as do amor que as da lição. Havia mais beijos que máximas. As minhas mãos dirigiam-se mais frequentemente aos seus seios que aos livros." O que veio depois, é fácil imaginar: Heloísa foi raptada; tiveram um filho, a quem deram o curioso nome de Astrolábio; casaram-se secretamente por exigência do cônego Fulberto, contra a própria vontade de Heloísa, para quem o casamento e as tarefas domésticas não combinavam com a vocação de pensador do seu bem-amado. Entretanto, o tio, humilhado, não se satisfez com o casamento, e, conforme o próprio Abelardo contou num livro muito bem denominado *História das minhas calamidades*, pagou pessoas, que invadiram seu quarto à noite para castrá-lo.

O arcebispo Turpin e o clérigo Egmeaux, capelão de Carlos Magno, escrevem a história do imperador. Miniatura do século XV, Chroniques de France.

Com pesar pelo destino do infeliz professor, voltemos à nossa história para lembrar que outras formas artificiais de parentesco foram criadas sob a orientação da Igreja. Referem-se ao parentesco espiritual instituído pelo batismo: por um lado, a criança, o pai e a mãe; por outro, o padrinho e a madrinha — todos unidos por uma forma especial de parentesco que a Igreja multiplicaria através da catequese e da crisma, por exemplo. E até à *cavalaria*, como vamos ver depois, esse parentesco simbólico acabaria por estender-se.

Dirigindo o ensino e o pensamento

Na Idade Média, o livro por excelência foi a Bíblia, e pode-se dizer que a quase totalidade do que se produziu em termos de reflexões e pensamentos estava diretamente relacionado aos textos sagrados do cristianismo ou a suas interpretações. Das escolas monásticas às universidades, o essencial do sistema de ensino submetia-se ao controle da Igreja, que por sinal manteve monopólio sobre a escrita até o século XII. A instrução não tinha outra finalidade senão o aperfeiçoamento para os "ofícios de Deus".

Por outro lado, os pequenos e médios senhores não ligados à Igreja — e que detinham enorme poder sobre os homens — eram verdadeiros analfabetos, no total sentido da palavra. Por isso, quando se recolhiam aos mosteiros para esperar a morte eram chamados de *idiotas*, a mesma palavra que se destinava aos monges que não sabiam ler os livros sagrados.

Enquanto isso, na qualidade de proprietária da cultura, também cabia à Igreja fornecer funcionários para a administração dos reinos, com o que seu poder se ampliou mais ainda.

Assim, reforçando os ensinamentos da religião nos sermões dominicais, controlando as crenças e a moral das pessoas, dirigindo o sistema de ensino e o universo cultural, penetrando nas consciências através das confissões e controlando o tempo de todas as vidas, a Igreja estendeu um poder absoluto sobre todas as formas de *saber*. E esse poder foi tão penetrante que permaneceu nas consciências durante séculos: nas cidades, pelo menos até o século XVI; nos campos, até o século XIX.

Cumpria-se, dessa maneira, uma função poderosa estabelecida para a Igreja desde o final do Império Romano. Como queria Santo Agostinho (354-430), que exerceu enorme influência sobre o pensamento medieval, o ideal verdadeiro consistia em cristianizar tudo e todos.

4. Afinal, o que é feudalismo?

final, o que é feudalismo? Em primeiro lugar, é importante conhecer o significado da palavra; depois, é fundamental comparar a explicação às informações que há sobre a vida das pessoas, pois sabemos muito bem que nem sempre as palavras dizem o que a realidade mostra.

As palavras terminadas em *ismo* representam quase sempre um conjunto mais ou menos fechado de coisas pretensamente reais ou verdadeiras e relacionadas a um determinado sistema social, doutrina, escola de pensamento, teoria, modo de vida, hábitos ou princípios artísticos, filosóficos, políticos ou religiosos: capitalismo, comunismo, liberalismo, fascismo, cristianismo, budismo, machismo, feminismo, onanismo, etc., etc. E isso também se aplica ao *feudalismo*? Vejamos.

Para começar, vou complicar um pouco as coisas. O termo *feudal* vem de *fief, feodum*. De origem germânica ou celta, designa o *direito* de desfrutar qualquer bem, geralmente uma terra: não se trata de uma propriedade no sentido atual, mas de um usufruto, um direito de uso. Assim, o *feudo* poderia ser considerado como uma *forma de posse* sobre alguns bens reais; *feudal* seria aquilo que se relacionasse ao feudo; e *feudalismo* acabou por se transformar numa palavra que designa um período da História. Apesar de alguns contadores de história terem enxergado feudalismo até no Brasil, para nossa história ele representa mais ou menos o período que vai dos séculos X-XI a XIII-XIV, a época de adolescência da Europa, que só se tornaria adulta com a chegada e o desenvolvimento dos Tempos Modernos, que dariam a arrancada para a Idade Contemporânea. Tudo muito confuso, não é verdade? Parece até que essas palavras todas não têm sentido algum. Postas dessa maneira, realmente dizem muito pouco. Mas vamos por partes, para tentar descobrir como os seres humanos — esta fascinante matéria-prima da História — viviam e se relacionavam na época feudal, pois só assim a palavra *feudalismo* pode ter sentido.

Pobres e ricos, como sempre...

Se olharmos mais de perto a sociedade, vamos perceber que nem todos vivem da mesma maneira: as sociedades não são igualitárias e a riqueza é distribuída de maneira desigual entre os seres humanos. E também nesse aspecto a Idade Média não foi diferente. Ela própria nasceu do encontro de duas civilizações (romana e germânica) que não eram igualitárias e nas quais havia, por um lado, escravos e servos e, por outro, pessoas com poder sobre eles.

Miniatura do século XV mostrando o trabalho de servos no campo.

Inicialmente, os escravos eram prisioneiros feitos nas guerras constantes e seu número era tão elevado que chegaram a valer menos que um cavalo. Aliás, eram comprados e vendidos como se fossem um objeto qualquer: não eram considerados pessoas, mas coisas. Pertenciam a seu senhor por toda a vida. Os filhos de escravos também eram escravos, o que aumentava ainda mais o seu número. Assim, através da guerra, do comércio e da procriação, o suprimento de escravos para o trabalho era garantido.

Outra coisa assegurava o aumento do número de escravos: as dificuldades de sobrevivência. De fato, a vida naqueles tempos era tão difícil que um camponês livre chegava ao ponto de desistir de ser livre e se punha a serviço de outra pessoa, também por toda a vida.

Então também havia camponeses livres na Idade Média? Mais ou menos. Para ser livre, em primeiro lugar era preciso não ter dono. Depois, era necessário pertencer ao povo e ser responsável perante as instituições públicas. Mas tudo isso não significava ter independência pessoal, como podemos entender hoje. O camponês livre tinha o direito de usar armas e seguir o chefe nas batalhas, podendo ser recompensado com parte dos saques. Grande parte deles (os colonos) cultivava a terra, que, por direito, pertencia a outra pessoa, devendo prestar serviços obrigatórios a seu senhor. Entretanto, com o passar do tempo, em lugar de fazerem parte dos exércitos, os camponeses livres começaram a ser obrigados a fornecer alimentos para os exércitos profissionais. Com isso, as diferenças entre eles e os escravos foram diminuindo, e todos passaram a ser prisioneiros de uma série de obrigações que limitavam ao máximo a independência pessoal.

Um banquete real, em miniatura do século XV, extraída da obra Parcival, *do poeta Wolfram von Eschenbach.*

A limitação da independência e da liberdade atingia toda a família. As mulheres teciam pano, cortavam e costuravam; lavavam roupa; tosquiavam ovelhas e tratavam do linho. Os homens, além dos deveres militares, eram responsáveis pelo trabalho no campo, caçavam, derrubavam florestas, quebravam pedras e construíam casas e cercas. Quanto às crianças, apenas esperavam a época certa para cumprir igual destino...

Sobre os escravos e camponeses livres reinavam os senhores, os homens ricos. A maior autoridade na época era a do rei, que tinha o poder de comandar exércitos e de administrar a justiça entre o povo. O rei era também o proprietário das maiores extensões de terras. Seu poder vinha do nascimento, do sangue que lhe corria nas veias. Em torno do rei vivia um grande número de privilegiados, que formavam a chamada *família*. Ali viviam jovens de origem aristocrática, que vinham completar sua educação a serviço do rei, além de um grande número de amigos e companheiros fiéis que dependiam dos favores reais. Em troca dessa camaradagem, eram às vezes mandados para lugares distantes, com o objetivo de garantir a autoridade real. E todo esse grupo de favorecidos fortalecia-se através de laços e casamentos. A todos esses nobres o rei premiava com cargos no governo e parte dos saques obtidos nas batalhas.

Três pra lá, três pra cá...

Nesta sátira medieval, os sonhos do rei são perturbados pelos que rezam, pelos que combatem e pelos que trabalham.

Assim como a crença que inspirava a religião cristã — para a qual o Pai, o Filho e o Espírito Santo compõem uma divindade una —, a sociedade que se formara durante e após a lenta e violenta acomodação dos povos também deveria projetar sua unidade baseada em três componentes. Nesse caso, as pessoas que rezavam, as pessoas que combatiam e as pessoas que trabalhavam.

Essas ideias foram formuladas com clareza por volta do século XI, nas palavras de um bispo de nome Adalberão, que escreveu: "Tripla é pois a casa de Deus que se crê una: embaixo [na Terra], uns rezam, outros combatem, outros ainda trabalham; os três grupos estão juntos e não suportam ser separados; de forma que sobre a função de um repousam os trabalhos dos outros dois, todos por sua vez entreajudando-se".

Durante muito tempo os contadores de história acharam que as coisas foram assim e ponto final. Apenas alguns "viajantes" mais ousados atrevem-se hoje em dia a duvidar disso. Em primeiro lugar porque os que rezavam, raramente apenas rezavam: a Igreja não só dominava o ensino, a cultura e a arte, como também os laços de parentesco, a assistência e a caridade, a medida do tempo e a própria produção econômica. Em segundo lugar porque os que combatiam, não apenas combatiam, podendo ser juízes, administradores e mesmo pessoas da Igreja. Em terceiro lugar, os que trabalhavam. Nesse caso, a coisa é correta, pois eles "apenas" trabalhavam e só o que variava era o tipo de atividade e a posição de cada um no mundo do trabalho. Além disso, parte do clero — principalmente os monges — desempenhava as três funções ao mesmo tempo.

Poder sobre a terra e poder sobre os homens

Durante a época feudal, como em muitas outras épocas, parte da população vivia do trabalho da outra parte. Isso não é novidade, mas não se pode deduzir daí que aquele foi um período em que pacatos camponeses trabalhavam duramente apenas para satisfazer necessidades e luxos de senhores tiranos que, do alto de seus castelos e conventos, mandavam exércitos para roubar cereais, galinhas, porcos e verduras, com os quais alimentavam banquetes e orgias.

Essa imagem — uma história de maus contra bons ou vice-versa — é, sem dúvida, muito forte, mas não deixa de ser simplista e distorcida. Naquela época também havia pessoas dedicadas à administração, à justiça, ao ensino e ao comércio, além daquelas envolvidas com a religião e o exército — todas funcionando como agentes de ligação entre os produtores de riqueza e seus senhores. E não podemos nos esquecer dos artesãos, embora seu número fosse bastante reduzido.

Se reduzíssemos tudo a uma questão de *direito*, ou seja, de regras e normas em torno do direito de uso principalmente da terra, como poderíamos entender a maneira como essas várias forças sociais se arranjavam no tabuleiro da Europa feudal? O gado, sem necessitar de leis, também tinha o direito de "usar" a terra e nem por isso vai ajudar-nos a compreender o problema...

Homenagem feudal dos nobres de Perpignan a Afonso, o Casto, rei das Astúrias. (Archivo de La Corona de Aragón, Barcelona.)

Feudalismo eclesiástico: estandarte de Saint Kilian usado na batalha de Muhlberg (1266). (Mainfrankisches Museum, Alemanha.)

Então temos um problema? Sim, e uma das principais "dicas" para sua solução já foi dada no começo de nossa história, quando eu disse que, naquele tempo, a posse sobre a terra só tinha valor de fato porque junto com ela vinha o poder sobre os homens e seus grosseiros instrumentos agrícolas. A questão é esta: *poder sobre os homens*, além de poder sobre a terra. Não estou dizendo que aquela época não conheceu normas e atividades judiciais — as chamadas práticas consuetudinárias. Além disso, os "bárbaros" também tinham suas leis. Mas não podemos tentar compreender a sociedade feudal sem entendermos que suas relações estavam baseadas no poder sobre os homens e sobre a terra *ao mesmo tempo*.

As relações de *dominium*

Esse poder sobre os homens e sobre as terras baseava-se nas chamadas "relações de *dominium*", para as quais alguns estudiosos da Idade Média encontraram pelo menos dez significados:

- comando, poder;

- direito de propriedade;

- domínio (no sentido atual);

- reserva do senhor;

- os bens que se encontravam nas mãos do senhor e que não eram concedidos em feudo;

- senhorio (o conjunto dos direitos e poderes do senhor);

- suserania feudal (*suserano*, no sentido moderno, designa o "senhor", mas originariamente designava "o senhor do senhor");

- a autoridade que o senhor exercia sobre os vassalos (*vassalo* significava "aquele que serve", mas após o século IX passou a designar todo aquele que serve e está na dependência ou sob a proteção de um senhor);

- a autoridade de um bispo;

- a autoridade exercida por um abade num mosteiro.

Como se vê, apesar de algumas diferenças, o sentido é claro: as "relações de *dominium*" englobavam, ao mesmo tempo, *poder sobre os homens* e *poder sobre a terra*. Por isso, não se pode começar a compreender o feudalismo considerando apenas o *direito* de uso de uma terra ou outro bem qualquer.

Da mesma forma, as "relações de *senhorio*", entendidas como o conjunto dos direitos e dos poderes do senhor, estendiam-se igualmente a homens e terras.

O poder sobre os homens e sobre as riquezas produzidas por seu trabalho não se distribuía igualmente na sociedade feudal; e quanto mais embaixo se estava na pirâmide social maior era a ligação dos homens ao solo.

Homem de outro homem: as relações de vassalagem

Um homem ajoelha-se na frente de outro homem, une as duas mãos e as coloca nas mãos daquele que está em pé a sua frente. Enquanto isso, o primeiro diz algumas palavras e se reconhece como o "homem" do outro homem. Depois, beijam-se na boca e estabelece-se um acordo e uma amizade para toda a vida. Após essa união, por assim dizer "civil", o primeiro homem jura sobre os Evangelhos ser fiel ao segundo, também por toda a sua existência.

Quem acha isso meio "estranho", fique sabendo que esse ritual forneceu ao sistema feudal uma das suas principais bases: os funcionários reais, os oficiais de todas as classes, os clérigos e até mesmo alguns camponeses passavam por ele antes de assumirem suas funções. Com ele, tornavam-se *vassalos* de seus *senhores*.

Embora essa relação terminasse com a morte de uma das partes, a vassalagem chegou a tornar-se quase hereditária, e o filho do vassalo repetia o ritual feito por seu pai ao senhor, ou o filho do senhor falecido renovava a relação com aquele que seria seu vassalo a partir daí.

Os vassalos, na maioria absoluta dos casos, não eram recrutados em todas as camadas da população. A vassalagem era a forma característica de dependência entre pessoas das chamadas classes "superiores" e tem sido explicada como uma exigência para garantir relações seguras em uma sociedade perturbada, na qual, sendo a desconfiança a regra, a necessidade de proteção impunha a condição de dependência.

Naqueles tempos, as comunidades rurais dispunham apenas de sua polícia interna, e as comunidades urbanas eram quase inexistentes. Não havia uma tropa permanente. Dessa forma, o prestígio e a fortuna dos poderosos dependiam do apoio de pessoas que os defendessem contra as constantes ameaças. Enquanto para os miseráveis o recurso era o da escravidão pura e simples, os que desejavam manter sua "liberdade" tinham na vassalagem a única saída possível. E, quanto mais embaixo se estivesse na pirâmide social, mais restritivas e fechadas eram as relações de dependência.

Entretanto, a principal característica da relação de vassalagem era a vocação guerreira do vassalo, pois ser fiel significava, antes de tudo, defender o senhor nas lutas que caracterizaram o cenário medieval.

Um texto do século XIII oferece uma visão bastante nítida dessas relações cruzadas e de aparência confusa. Mostra ainda como essas relações de poder estavam distribuídas entre os senhores feudais:

> *Roger de St. Germain arrenda uma casa e suas dependências de Robert de Bedford, obrigado ao pagamento de [uma importância em dinheiro] ao já mencionado Robert, de quem ele arrenda, e ao pagamento de [outra importância em dinheiro] a Richard Hylchester, em lugar do citado Robert que deste arrenda. E o mencionado Robert arrenda de Alan de Chartres, pagando-lhe [uma importância em dinheiro] por ano, e Alan, de William, o Mordomo, e o mesmo William de lorde Gilbert de Neville, e o mesmo Gilbert, de lady Devorguilla de Baliol, e Devorguilla, do rei da Escócia, e o mesmo rei, do rei da Inglaterra.*

Essas relações todas podem ser explicadas pela necessidade de garantir fidelidade, assegurar a prestação de serviços ou o pagamento de tributos, impor penalidades aos que não cumprissem suas obrigações de dependência; enfim, pela necessidade de manter os rígidos laços de vassalagem, que, como se viu, atingiam até mesmo alguns reis. Em resumo, numa época em que as comunicações eram extremamente precárias, a transferência a outro do poder sobre um terceiro e assim por diante podia manter todos sob controle.

Submeter para acumular riqueza

A sobrevivência dos homens na sociedade depende das relações que existem entre eles, e em cada sistema social essas *relações sociais* são diferentes. Nós já sabemos como as relações sociais do feudalismo eram entrecruzadas e de aparência confusa, não é mesmo? Os senhores feudais (assim como os de hoje...) detinham poder sobre os homens e sobre as terras, mas o que justificava essa dominação era a ambição de acumular riquezas. E, para acumular riquezas, é necessário ter poder sobre o *trabalho* das pessoas. Assim, é preciso verificar o aspecto econômico das relações sociais, pois só desse modo poderemos conhecer mais de perto o sentido do feudalismo.

Desde as relações de vassalagem, que diziam respeito às camadas "superiores" da população, até as relações de servidão, que atingiam a totalidade das pessoas desfavorecidas pela sociedade, a rede de poder que aprisionava os homens era estendida com o objetivo de acumular bens.

Enquanto o vassalo jurava fidelidade e obediência ao senhor por toda a vida, o chefe ou patrono de um grupo de vassalos concedia a eles habitação, roupa, comida e equipamentos. Às vezes, o senhor, em troca de remuneração em bens, cedia ao vassalo determinada terra e transferia para ele a obrigação de manter-se.

No século VII essas concessões de terra — não hereditárias — receberam o nome de *precárias*. Depois, até o século XI, passaram a chamar-se *benefícios*. Mas foi só a partir do século XI, quando já eram hereditárias, que passaram a chamar-se *feudos*.

O feudo era concedido em troca da obrigação de *fazer* e não simplesmente de *pagar* em troca do direito de uso da terra e do trabalho das pessoas que nela vivessem. Os tributos, sem dúvida, eram da maior importância, porém o senhor visava submeter também pessoas especializadas. Por exemplo: a Igreja concedia terras a um pintor em troca da decoração de seus templos; outros senhores faziam o mesmo a um ourives ou a um carpinteiro mediante a obrigação de que pusessem sua habilidade a seu serviço; outro senhor cedia terras a um vassalo guerreiro; mais ainda, outro podia conceder terras a um encarregado, que deveria governar outros servos e assegurar-lhe fidelidade. Em todos esses casos, o feudo aparece como uma espécie de remuneração ou "salário"; no século XIV chegou-se a dizer que o feudo era "o soldo do cavaleiro".

Com o tempo, as relações feudais — que tinham alcance muito geral — passaram a caracterizar relações sociais específicas de determinadas categorias sociais, apesar das enormes diferenças que existiam entre elas. O feudo de um duque não era o mesmo que o de um pintor ou ourives, assim como, hoje, o salário de um operário não é o mesmo que o do diretor da empresa. Entretanto, a palavra *feudo* era aplicada principalmente a propriedades mais importantes, onde as relações de vassalagem e servidão, com toda a sua carga de serviços obrigatórios e de subordinação ao senhor, ocorriam na sua forma mais "pura".

E o que acontecia quando morria aquele que recebera a concessão da terra? Hoje, com a morte de um pai, normalmente a propriedade é transferida a seus herdeiros. Mas como seria na Idade

Média? Numa época em que os laços de sangue tinham enorme força, o filho raramente se recusava a renovar a relação com aquele que fora o senhor de seu pai, mesmo porque tal recusa poderia representar a perda de um patrimônio. Além disso, se o vassalo se recusasse a cumprir suas obrigações ou a elas faltasse, o senhor poderia transferir o feudo para outro vassalo mais fiel. Entretanto, como a relação de vassalagem, na prática, se estendia à família inteira, o filho do vassalo morto era considerado, por já servir ao senhor, o melhor sucessor do pai. E não se pode esquecer ainda que, se um senhor não renovasse a relação com um herdeiro, poderia criar insegurança nos demais vassalos, que passariam a temer pela sorte de seus descendentes.

Por tudo isso, o direito à hereditariedade se impôs como condição quase absoluta, e as relações feudais puderam seguir seu curso secular.

Comida, roupa e abrigo em troca da liberdade

Com o tempo, as relações de vassalagem passaram a restringir-se às camadas "superiores" da população. Enquanto isso, as relações de dependência absoluta alastravam-se até atingir toda a sociedade. Agora, era a vez dos pobres, que assumiam a condição de servos por toda a vida, às vezes também através de ritos semelhantes aos praticados no estabelecimento da vassalagem.

A relação de servidão não precisava ser renovada a cada geração: o filho do servo já nascia servo e assim por diante, durante séculos.

No caso da vassalagem, os benefícios da riqueza que as lutas pelo poder asseguravam explicavam a dependência e a justificavam. Já a servidão, o que a motivava era, de fato, um problema muito conhecido da sociedade contemporânea: a barriga vazia. Isso porque a sobrevivência das pessoas desfavorecidas dependia sempre de um senhor a quem prestar serviços, em troca de proteção e auxílio. E essa proteção e esse auxílio significavam apenas o alimento escasso, roupas grosseiras e a habitação miserável, em troca de uma vida inteira subordinada aos interesses e à ganância dos senhores no poder, que estendiam sua rede, como o pescador que fecha as corredeiras para que nenhum peixe lhe escape.

Vamos imaginar, agora, a situação de algumas pessoas a quem os contadores de história só se referem de passagem. Pessoas cujas vidas foram passadas sob o peso enorme da servidão absoluta e que apenas aguardavam a morte para poder escapar ao sacrifício de trabalhos pesados, não podendo sequer imaginar seus filhos com uma sorte diferente.

Não é possível saber quantas foram, porque raramente figuram no relato das pessoas encarregadas de contar a história dos poderosos. Para eles, o escravo, *"coisa* de um senhor", era verdadeiro gado humano, que só contava enquanto bem de um patrimônio.

Alguns desses escravos tinham o direito de usar parte do tempo para trabalhar um pequeno pedaço de terra que o senhor lhes concedia, para livrar-se da obrigação de mantê-los e à família. Havia outros que podiam até vender as sobras de sua modesta colheita, mas cujo rendimento era destinado a pagar "rendas" a seu senhor. A maioria deles, entretanto, vivia à margem do povo, não fazendo parte dele. O escravo não participava dos exércitos reais, não fazia parte das assembleias judiciais e só merecia participar de um julgamento quando qualquer ato seu o expunha à vingança pública.

Da mesma forma, entre os homens "livres", havia situações muito diferentes. Aqueles que não tinham posses para equipar-se para as lutas, por exemplo, eram "livres de segunda ordem" e tinham uma situação muito próxima à dos escravos, pois eram submetidos ao peso dos serviços obrigatórios e da dependência absoluta em relação ao senhor. Essas condições chegaram a tal ponto que a distinção social chegou a se fazer entre "livres" e "pobres".

Com o tempo, a condição do escravo e a dos "livres de segunda ordem" se aproximou. Pouco a pouco, os escravos passaram a ser libertos "com obediência" e os trabalhadores livres tornaram-se servos, todos submetidos ao senhor. A proteção dada em troca da opressão por toda a existência — esta foi a principal característica do sistema feudal.

Guerreiros e guerreiros

Quando assistimos, hoje, aos jornais na televisão, ou lemos os jornais diários, uma coisa chama sempre nossa atenção: não há um dia em que em algum lugar do mundo não esteja ocorrendo uma guerra. Estamos tão acostumados com isso que poucos percebem que a história dos homens tem sido quase sempre a história das guerras. Luta-se por vários motivos, mas a intenção principal é acumular poder e riqueza. E na Idade Média não foi diferente, tendo sido aquele um tempo em que todos lutavam entre si.

O rei e os demais homens "importantes" possuíam um grupo especial de dependentes: os guerreiros domésticos, encarregados de defender a fortuna de seus senhores, em troca de favores e benefícios. Essa defesa tinha em vista não apenas proteger riquezas, mas principalmente ampliá-las, sendo cada degrau da escada por onde subiam os senhores erguido à custa de batalhas e saques constantes.

A batalha de Crécy, 1346, retirada da obra Crônicas de Froissart. *Bibliothèque de L'Arsenal de Paris.*

É bom notar que, embora todas as pessoas devessem fidelidade ao rei, este concedia uma condição especial a um grupo de privilegiados mais próximo. E quem ofendesse alguma dessas pessoas, ofendia diretamente ao rei e era severamente castigado por isso.

As guerras podiam ser públicas ou privadas: podiam ser motivadas pela ambição de acumular riquezas ou pela necessidade de manter-se no poder, mas foram sem dúvida a base de toda carreira de chefe e a razão de ser de qualquer poder de comando. Numa época em que não havia exército regular, tanto soberanos como senhores (laicos ou religiosos) deviam contar com a proteção daqueles que sabiam manejar espadas e lanças, e foram essas as virtudes mais valorizadas na Idade Média.

Poucos escaparam a essa valorização da guerra, cuja importância penetrou nas consciências até atingir a sensibilidade de cronistas e poetas. Um trovador do século XII assim registrou os valores que, durante séculos, animaram o mundo feudal:

Muito me agrada o alegre tempo da Páscoa
que faz chegar as folhas e as flores;
e agrada-me ouvir a alegria
das aves que fazem ressoar
os seus cantos pelo arvoredo.
Mas também me agrada quando vejo, nos prados,
tendas e pavilhões levantados;
e sinto grande júbilo
quando vejo, alinhados nos campos,
cavaleiros e cavalos aparelhados;
e agrada-me quando os batedores
fazem fugir as gentes e o gado;
e agrada-me, quando vejo, atrás deles,
uma grande massa de homens de armas que vêm juntos;
o meu coração alegra-se
quando vejo fortes castelos cercados
e as sebes destruídas e tombadas
e o exército, na margem,
toda rodeada de fossos,
com uma linha de robustas estacas entrelaçadas...
Clavas, espadas, elmos de cores,
escudos, vê-lo-emos feitos em pedaços
desde o começo do combate

e muitos vassalos feridos juntamente,
por onde andarão à aventura os cavalos dos mortos
e feridos.
E quando entrar no combate,
que cada homem de boa linhagem
não pense senão em partir cabeça e braços;
pois mais vale morto do que vivo e vencido.
Digo-vos, já não encontro tanto sabor
no comer, no beber, no dormir
como quando ouço o grito "Avante!"
elevar-se dos dois lados, o relinchar dos cavalos sem
cavaleiros na sombra
e os brados "Socorro! Socorro!";
quando vejo sair, para lá dos fossos, grandes e pequenos
na erva;
quando vejo, enfim, os mortos que, nas entranhas,
têm ainda cravados os restos das lanças, com as
suas flâmulas.

Enquanto tudo o que vimos contando acontecia na Europa ocidental, do outro lado do mundo — na península Arábica — um grande e poderoso império se formava: o Islão. Sua história é muito longa e, apesar de importante, não vamos contá-la aqui, pois sozinha caberia em volumoso livro. O poder do Islão ampliou-se tanto que chegou a penetrar em toda a Europa, atingindo até a península Ibérica.

O povo do Islão adotava a religião muçulmana, que lhe fora pregada por Mohammed, a quem muitos contadores de história dão erroneamente o nome de Maomé. E, como sabemos, no Ocidente dominava o cristianismo. É fácil portanto imaginar o que aconteceu: mais uma vez, a religião forneceu a justificativa para novas guerras e batalhas. De fato, o que importava era tentar conter a expansão muçulmana e, ao mesmo tempo, expandir o poderio ocidental.

Assim, por meio de um empreendimento a que se deu o nome de Cruzadas, o Ocidente pôs-se em choque com o Islão. Desde a primeira delas, organizada em 1095 pelo papa Urbano II, até o final do século XIII, as Cruzadas se sucederam em grande número. Oito delas tiveram grande importância, graças à sua extensão e à força guerreira dos cruzados, que eram pessoas da Igreja, nobres, cavaleiros e até pessoas comuns.

Cenas da vida guerreira na Espanha. Cópia executada em 1220 de um manuscrito do século X. Biblioteca Pierpont Morgan, Nova Iorque.

É fácil perceber o forte apelo ideológico das Cruzadas, essas "guerras santas" justificadas pela tentativa de reconquistar o Santo Sepulcro, situado em Jerusalém, que caíra sob o domínio muçulmano. Inicialmente os franceses e depois as demais nacionalidades europeias recusaram-se a admitir que locais sagrados de sua religião permanecessem sob domínio de um povo que professava outra fé.

Também nesse caso, motivos de menor santidade animaram a luta. Espírito aventureiro, atração pelo desconhecido, sedução que os lugares estranhos exerce sobre a imaginação, exportação de uma força guerreira latente que, caso contrário, explodiria na própria Europa, tudo isso incendiava os espíritos dos cruzados. Porém, mais do que isso, a possibilidade de que uma "guerra santa" pudesse compensar pecados e garantir o acesso ao paraíso, aliada à realização de saques e pilhagens, que asseguravam o aumento de riquezas, foram o grande incentivo da marcha que, durante séculos, se fez contra o Oriente.

Os cavaleiros: montando animais e conduzindo pessoas

Se compararmos a História a uma peça de teatro, veremos que no cenário medieval alguns personagens tomaram para si os papéis centrais. Homens da Igreja, reis e nobres roubavam as cenas principais do espetáculo, usando a força para manter apagados todos aqueles "figurantes" que tinham por função apenas o trabalho. Nós já sabemos que naquela sociedade as guerras eram a própria razão de ser daqueles que lutavam pelo poder. Por isso, a figura do guerreiro acabou assumindo papel de enorme destaque, crescendo cada vez mais à medida que o espetáculo se desenvolvia.

A Ordem da Cavalaria surgiu como consequência da formação de uma classe de guerreiros privilegiados, já a partir do século VII, e se manteve forte até que a arte da guerra se modificou no final da Idade Média, por volta dos séculos XIV-XV. O período de maior poderio dos cavaleiros, entretanto, localizou-se nos séculos XI e XII, quando a Igreja conferiu à cavalaria um caráter quase religioso.

Nos primeiros tempos da Idade Média, o cavaleiro era o combatente a cavalo, que servia a alguém em troca de favores, como, por exemplo, o direito de administrar terras e pessoas. Por volta do século XII, entretanto, tornar-se cavaleiro significava antes de tudo ascender a uma condição social privilegiada, rigorosamente diferente daquela que era a da massa desarmada, a quem o acesso à Ordem da Cavalaria estava barrado. Além disso, para ser cavaleiro era preciso ter posses suficientes para adquirir cavalo, armadura, espada e lança. Era necessário ainda poder estar livre das obrigações de trabalho, porque o treinamento começava nos primeiros anos de vida, quando a maioria das pessoas já se dedicava aos serviços no campo.

A transformação de alguém em cavaleiro era feita através do chamado ritual da *investidura*. Os textos que começaram a surgir na segunda metade do século XI estão repletos de descrições dessas cerimônias, levadas a efeito por meio de um curioso ritual, que se desenvolvia em várias fases. Primeiro, um cavaleiro mais antigo entregava as armas ao jovem que iria fazer parte da Ordem. Depois, chamando-o pelo nome, tocava-o com sua espada e acertava em sua nuca ou face um enorme bofetão. Resistindo à dura pancada, o jovem não só demonstrava sua força, mas era também marcado pelo compromisso de fidelidade. A pancada que recebia de seu padrinho era porém a única da qual não se defenderia por toda a vida.

Também aqui a Igreja pôde exercer sua influência. Naqueles tempos, era hábito um camponês fazer benzer suas colheitas, seu gado e até o poço. O noivo fazia benzer o leito nupcial, e os artesãos, suas ferramentas. Como poderia o cavaleiro escapar de benzer suas armas? Havia casos em que o próprio religioso entregava essas armas ao cavaleiro, após o que lhe dava sua bênção.

Depois disso, o cavaleiro estava pronto para cumprir sua missão. Deveria defender a Igreja, notadamente contra os pagãos, e proteger pobres, órfãos e viúvas, "principalmente as mais jovens", segundo alguns intérpretes mais maldosos... Não deveria em combate matar um adversário indefeso, não poderia participar de falsos julgamentos ou de traições e, na vida diária, estava proibido de dar maus conselhos a uma dama e deveria, "se for possível", ajudar o próximo em suas aflições.

Combate entre cavaleiros medievais no século XV.

A importância do cavaleiro, contudo, deve ser procurada fora dos limites da fábula, do misticismo e do sobrenatural, e é nas coisas mais terrenas que vamos encontrar seu sentido. Defender os pobres e os pacíficos desarmados significava, antes de tudo, mantê-los pobres e em paz, sem condições portanto de lutar por seus interesses. A própria montaria do cavaleiro chegou a ser relacionada com o povo. No romance *Lancelot* está escrito que "acima do povo, deve situar-se o cavaleiro. E, tal como se esporeia o cavalo, e aquele que está em cima dele o leva onde quer, assim o cavaleiro deve guiar o povo segundo a sua vontade". Assim, para que a boa ordem fosse mantida, era entendido como justo que o cavaleiro "retirasse o seu bem-estar" das coisas que "a fadiga e o trabalho" dos seus homens pudessem lhe proporcionar.

O ingresso na Ordem da Cavalaria

Raimundo Lulo (1235-1315) no *Livro sobre a Ordem da Cavalaria* descreveu o ritual do armamento do cavaleiro. A seguir é transcrita a descrição de momentos essenciais da cerimônia.

Do modo como o escudeiro deve receber a Cavalaria

1. Primeiramente, o escudeiro, antes de entrar na Ordem da Cavalaria, deve confessar-se das faltas que cometeu contra Deus. [...]

2. Para armar um cavaleiro convém destinar-se uma festa das que de preceito se celebram durante o ano. [...]

3. Deve o escudeiro jejuar na vigília da festa. [...] E na noite antecedente ao dia em que há de ser armado, deve ir à Igreja velar, estar em oração e contemplação e ouvir as palavras de Deus e da Ordem da Cavalaria. [...]

4. No dia da função, convém que se cante missa solenemente. [...]

9. Quando o sacerdote tenha feito o que toca ao seu ofício, convém então que o príncipe ou alto barão que quer fazer cavaleiro o escudeiro que pede cavalaria tenha em si mesmo a virtude e ordem da Cavalaria para com a graça de Deus poder dar virtude e Ordem da Cavalaria ao escudeiro que a quer receber. [...]

11. Deve o escudeiro ajoelhar-se ante o altar e levantar a Deus os seus olhos corporais e espirituais e as suas mãos. E então o cavaleiro lhe cingirá a espada, no que se significa a castidade e a justiça. Deve dar-lhe um beijo em significação da caridade e dar-lhe uma bofetada para que se lembre do que promete, do grande cargo a que se obriga e da grande honra que recebe pela Ordem da Cavalaria.

12. Depois de o cavaleiro espiritual e terrenal ter cumprido o seu ofício armando o novo cavaleiro, deve este montar a cavalo e manifestar-se assim à gente, para que todos saibam que é cavaleiro e obrigado a manter e defender a honra da Cavalaria. [...]

13. Naquele dia se deve fazer grande festim, com convites, torneios e as demais coisas correspondentes ao festim da Cavalaria. [...]

(Em Fernanda Espinosa. *Antologia de textos históricos medievais.* 3ª ed. Lisboa, Sá da Costa Editora, 1981. p. 177-8.)

Nas cidades, uma força contrária

Até agora, nossa história mostrou a Idade Média e o feudalismo quase somente como um imenso espaço de atividades rurais, nas quais aparecem camponeses, escravos e rebanhos subordinados a senhores, num tempo determinado pela Igreja e diretamente orientado pela natureza. Mas e as cidades? Não havia cidades na Europa feudal?

Torres de edifícios particulares dominando a cidade, no século XIV.
(*Archivio Capitolare de Lucca, Itália.*)

Desde os primeiros tempos medievais, grupos de comerciantes e artesãos sobreviviam à margem da vida que se levava no campo. E foi desses grupos que se originou uma massa urbana, com um modo de vida bastante diferente do que vimos até aqui. Esses grupos habitavam os *burgos* (de onde lhes veio o nome com que passariam a ser conhecidos), lugares fortificados nos quais um pequeno número de pessoas ia acumulando forças que seriam responsáveis pela própria destruição do sistema feudal.

Depois do século XI, a palavra *burguês* passou a significar algo em oposição direta ao feudalismo. Burgueses eram principalmente os mais destacados comerciantes e artesãos, e, além de praticar o comércio, para espanto inicial principalmente da Igreja, os mais ricos emprestavam dinheiro e exigiam que fosse devolvido acrescido de juros...

Catedrais e torres na cidade medieval de Beauvais, França.

O mundo feudal, contudo, se opunha ao burguês e vice-versa. Ele não era subordinado a ninguém e não devia satisfações sobre seus atos a quem quer que fosse. Entretanto, sobre ele pesavam inúmeros privilégios senhoriais, como pagar pelo uso de pontes e caminhos. Isso incomodava muito ao mercador, que ansiava por poder ir e vir com seus produtos sem ser obrigado a ver seu lucro reduzido pelo pagamento de taxas que lhe pareciam absurdas e descabidas.

Para enfrentar aquele mundo hostil, os burgueses organizavam-se estabelecendo relações de solidariedade. Dessa associação nasceram as *comunas*, formadas a partir do juramento que faziam entre si. As comunas significavam a possibilidade de reunião na hora das revoltas e a defesa contra aqueles que desejavam manter intacta a sociedade feudal. A diferença do juramento burguês em relação aos juramentos que caracterizavam os laços de dependência feudais é que o primeiro reunia pessoas *iguais*, associadas por interesses e anseios comuns, apesar da fortuna e do prestígio diferentes de cada burguês. Essas diferenças não impediram os burgueses de perceber que na ajuda mútua estava a única possibilidade de manterem-se e desenvolverem-se num mundo onde não eram aceitos.

Assim, enquanto a cidade representava a possibilidade de ser livre, desvencilhando-se dos estreitos laços de dominação que mantinham a rede de poder na Idade Média, novas formas de subordinação começavam a tomar corpo. Naquele mundo em que os burgueses realizariam seu desejo de construir o espaço no qual acumulariam forças para enfrentar o mundo feudal que acabariam destruindo, com a ajuda de outras forças sociais que a eles se aliaram na esperança de construir uma sociedade que não fosse marcada por tantas e tão grandes diferenças.

Uma descrição da vida medieval

Entre a cidade e o campo o contraste era profundo. Uma cidade medieval não se perdia em extensos subúrbios, fábricas e casas de campo. Cercada de muralhas, erguia-se como um todo compacto, eriçada de torres sem conta. Por mais altas e ameaçadoras que fossem as casas dos nobres ou dos mercadores, a massa imponente das igrejas sobressaía sempre no conjunto da cidade.

O contraste entre o silêncio e o ruído, entre a luz e as trevas, do mesmo modo que entre o Verão e o Inverno, acentuava-se mais fortemente do que nos nossos dias. A cidade moderna mal conhece o silêncio ou a escuridão na sua pureza e o efeito de uma luz solitária ou de um grito isolado e distante.

Tudo o que se apresentava ao espírito em contrastes violentos e em formas impressionantes emprestava à vida quotidiana um tom de excitação e tendia a produzir essa perpétua oscilação entre o desespero e a alegria descuidosa, entre a crueldade e a ternura, que caracterizaram a vida na Idade Média.

Um som se erguia constantemente acima dos ruídos da vida ativa e elevava todas as coisas a uma esfera de ordem e serenidade: o ressoar dos sinos. Eles eram para a vida quotidiana os bons espíritos que, nas suas vozes familiares, ora anunciavam o luto, ora chamavam para a alegria; ora avisavam do perigo, ora convidavam à oração. Eram conhecidos pelos seus nomes: a grande Jacqueline, o sino de Rolando. Toda a gente sabia o significado dos diversos toques, que, apesar de serem incessantes, não perdiam o seu efeito no espírito dos ouvintes. [...]

As frequentes procissões eram também um contínuo motivo de piedosa agitação. Quando os tempos eram difíceis, como frequentemente sucedia, viam-se serpentear as procissões, dias seguidos, durante semanas. [...] O povo contemplava ou acompanhava "chorando piedosamente, vertendo muitas lágrimas, com grande devoção". Todos iam descalços e em jejum, tanto os conselheiros do Parlamento como os burgueses pobres. Os que podiam levavam uma tocha ou círio. Iam sempre muitas crianças. Os camponeses pobres dos arredores de Paris vinham também, descalços, juntar-se à procissão.

Havia também a chegada dos príncipes, ataviados com todos os recursos da arte e do luxo próprios da época. Por fim, ainda mais frequentemente, quase pode dizer-se ininterruptamente, havia as execuções. A cruel excitação e a rude compaixão suscitadas por uma execução constituíam uma importante base do alimento espiritual do povo. [...]

(Johan Huizinga. *O declínio da Idade Média*. Lisboa, Ulisseia, s.d. p. 10-11.)

A vida comercial

Muitos contadores de história criaram sobre a Idade Média e o feudalismo uma imagem de quase imobilidade, mostrando-a como desprovida de comércio, sendo cada região obrigada a produzir a totalidade dos gêneros de que necessitava. Isso não passa, contudo, de mais uma imagem distorcida daquela época.

Serviços públicos urbanos: ponte fortificada de Orthez, Baixos Pireneus, França, século XIII.

Havia comércio marítimo, caracterizado como um empreendimento individual, ou seja, aqueles que o realizavam raramente se reuniam. E, quando isso acontecia, as associações eram temporárias e feitas com o único objetivo de dividir os riscos das "aventuras comerciais", quase sempre ameaçadas de se tornarem alvo de toda espécie de assaltantes. O contrato mais utilizado na época era a *commenda*, que teve grande importância após o século X. A *commenda* estabelecia uma ligação entre empreendedor e viajante para uma única viagem, de ida e volta. O viajante arriscava-se para receber um quarto do ganho eventual, ficando o restante para o empreendedor, que arcava com as perdas que ocorressem.

Havia também comércio terrestre. Neste, o tipo de contrato mais comum era a *companhia*, que quer dizer "partilha do pão". No caso, o "pão" que se partilhava eram os riscos e os lucros proporcionais à parte com que cada um dos companheiros entrava no negócio. A companhia tinha uma duração superior à *commenda* e muitas vezes se formava a partir da reunião de irmãos, primos e cunhados, que se associavam por alguns anos para manter e expandir sua riqueza.

Além desses "grandes" mercadores e empreendedores internacionais, as cidades viam outro tipo de associação multiplicar-se, porém para reunir os "pequenos": retalhistas, tendeiros, bufarinheiros, artífices e aprendizes. Eram as associações profissionais (guildas ou corporações) que, principalmente após o século X, passaram a ser, por excelência, a organização dos artífices e, em segundo lugar, dos pequenos mercadores. Essas corporações — rigorosamente organizadas com base em normas e regulamentos repletos de religiosidade — tinham por objetivo proteger os pequenos produtores, regulando a concorrência entre eles, estabelecendo padrões de qualidade para os produtos, promovendo a compra de matérias-primas em condições mais favoráveis e mesmo realizando uma espécie de publicidade daquilo que se produzia.

Ainda outras formas de comércio tiveram grande importância na Idade Média: ora os mercados regionais, organizados em centenas de centros urbanos, ora as reuniões anuais de vendedores ambulantes, peregrinos e camponeses, realizadas em milhares de aldeias por ocasião da festa em homenagem a algum santo. Em todas essas oportunidades, grandes multidões concentravam-se na esperança de adquirir produtos às vezes trazidos de muito longe. Entretanto, as famosas *feiras* medievais foram as mais peculiares dentre todas as demais atividades

O tingimento dos tecidos é feito sob as vistas de um membro das guildas.

comerciais que as cidades conheceram então. A feira de Champagne, por exemplo, realizava-se numa pequena praça, onde mercadores expunham amostras de produtos trazidos de praticamente toda a Europa e também de outros longínquos lugares. A partir das amostras, os interessados adquiriam os produtos, que podiam ser entregues por encomenda ou retirados em armazéns que as autoridades locais punham à disposição dos "pés sujos de pó", nome pelo qual os mercadores ambulantes eram conhecidos naqueles tempos.

Mercado de Saint-Pierre-sur-Dives, Calvado, França, século XIII.

Desde os primeiros tempos medievais até o início do feudalismo, as feiras ofereciam a "paz do mercado", que consistia em medidas de proteção contra ladrões e contra outras formas de agressão aos bens do mercador, como, por exemplo, o confisco de suas riquezas caso morresse em terra que não fosse a sua. Além disso, as autoridades proporcionavam alojamentos, moedas especialmente cunhadas para aquelas transações e proteção judicial.

Entretanto, apesar dessas facilidades, os obstáculos impostos à atividade de comércio ainda eram muito grandes. À exceção da Itália, onde os próprios mercadores encarregaram-se de estabelecer leis que lhes conviessem, cada uma das nações em formação defendia seu comércio contra as atividades comerciais praticadas por estrangeiros.

Com o passar dos anos, a compra e venda de produtos deu origem a uma outra forma de intercâmbio: a troca de dinheiro, largamente aplicada após o século XIII. Era a atividade de banqueiros, cambistas e toda espécie de emprestadores das mais variadas origens. Nela, contudo, o destaque coube aos italianos, que chegaram a obter apoio do próprio papa, que se servia também dos mercadores para cobrar tributos em todos os países católicos e para expedir dinheiro, mercadorias e correspondência.

As relações da Igreja com os banqueiros encontraram, porém, um obstáculo: os juros. Entendia-se que um usuário, ao exigir no pagamento uma importância maior e proporcional à duração do empréstimo, estava vendendo algo que pertencia somente a Deus (o tempo). Esse problema, entretanto, acabou sendo contornado. E, enquanto se fazia uma cuidadosa revisão dos dogmas da religião, aos "vendedores do tempo" restava a possibilidade — assim como em relação a todos os demais pecados — de arrepender-se à hora da morte, quando simbolicamente devolvia aos devedores, aos pobres e à própria Igreja, parte da riqueza acumulada durante toda a vida.

Banqueiros italianos permutam moedas.

5. Uma fábula e a moral da história

xistem muitas maneiras de terminar uma história que se pretende verdadeira, cabendo ao narrador escolher aquela que mais lhe convenha.

A maioria dos livros de história costuma terminar com um ensinamento moral, em que se pregam os valores da pátria, da religião, da política, da cultura, da ciência, da fidelidade, da insubordinação ou de outras infindáveis coisas. Nisto, as histórias assemelham-se às fábulas. As fábulas, entretanto, estão muito distantes de nossos tempos: uma fábula é uma narração feita por meio de alegorias ou metáforas, com personagens quase sempre animais, e que contém uma lição moral.

Mas será que é possível descobrir uma fábula que, de alguma maneira, ajude a encerrar esta nossa história? Acho que sim, porém, antes, é bom resumir o que acontecia no cenário europeu quando o feudalismo e a Idade Média se aproximavam do fim.

Nos campos, os senhores feudais lutavam desesperadamente entre si para manter-se no poder, apertando ainda mais as amarras sobre os camponeses. Elevando tributos, apoderando-se dos bens comunais, reduzindo as áreas de cultivo e reclamando a posse exclusiva de florestas, rios e pastagens, os senhores promoviam a expulsão violenta dos camponeses de suas terras. Privados dos meios com que poderiam sobreviver, tornavam-se uma imensa massa de pobres e famintos, que perambulavam pelos caminhos na esperança de encontrar uma cidade onde pudessem trabalhar. E, quando isso acontecia, as condições em que realizavam o trabalho eram extremamente desfavoráveis.

As vozes do sofrimento dos trabalhadores rurais eram a muito custo silenciadas. E não demorou muito para que se fizessem ouvir por toda parte, passando, já a partir do século XIV, a ser violentamente combatidas.

A população gemia sob o peso das obrigações crescentes, e aqui e ali começaram a acontecer revoltas isoladas. Em 1323, finalmente, levantou-se a bandeira da insurreição geral. Um camponês chamado Nicolau Zanekin e um artesão de nome Jacob Peyt foram os principais líderes do movimento. Peyt, que pouco mais tarde foi atraiçoado e assassinado, combatia os ricos e a Igreja, acusando-os de inimigos do povo. Além disso, enfrentava o enorme poder da Igreja medieval aconselhando a população a não reconhecer o clero e a ignorar a excomunhão que o papa lançava sobre os revoltosos, pois apenas Jesus, "o perseguido e o crucificado", deveria ser adorado e respeitado.

Contra os camponeses e os artesãos que a eles se aliaram, voltaram-se, além dos nobres, o papa e o rei da França, cujos exércitos, em cinco anos de lutas, esmagaram quase dez mil trabalhadores.

Enquanto as revoltas camponesas se sucediam, nas cidades cresciam as diferenças entre os ricos mercadores e os mestres de corporação, por um lado, e seus companheiros mais pobres, por outro. Acentuava-se principalmente a oposição entre os empreendedores proprietários e os trabalhadores não proprietários, cujo número crescia de modo proporcional à miséria que se abatia sobre os trabalhadores do campo.

O tempo passava e a sociedade dividia-se, cada vez mais, entre uma minoria de ricos proprietários e uma imensa quantidade de pessoas que para viver só dispunham dos pequenos ganhos obtidos com a venda de seu trabalho, nas primeiras indústrias que se desenvolviam.

Temendo a rebelião que crescia no campo e a sensível ascensão da burguesia, principalmente aquela ligada ao comércio de produtos e dinheiro, a nobreza reuniu suas últimas forças para tentar manter-se no poder. Esse período, que também pode ser entendido como o momento final da Idade Média e o início da Idade Moderna, passou à História como sendo a época das monarquias absolutistas, aquela em que os modernos Estados nacionais se encontravam em processo acelerado de formação. Muitos contadores de história enxergaram e enxergam no Estado nacional absolutista uma espécie de agente de relações públicas encarregado de "fazer média" entre a nobreza e a burguesia para impedir o conflito entre essas duas forças. Na verdade, o que estava na cena principal era a ameaça que o campesinato representava para o poder feudal, pois foi contra os revoltosos do campo que a nobreza usou de maior autoritarismo, ficando a ameaça burguesa para um segundo plano.

Essa situação não pode ser entendida como um erro de visão da nobreza, pois o que punha em risco seu poder era, de fato, o campesinato. Porém, ao voltar-se contra o campesinato, a nobreza acabou fortalecendo a burguesia, contra a qual iria bater-se, para ser derrotada, muitos anos depois. Então, os burgueses (com a ajuda do próprio campesinato...) tornaram-se os senhores absolutos da economia, da ciência e da cultura, da política e da legislação. Esta história, contudo, não faz parte do que os contadores de história chamam Idade Média, cabendo ao leitor satisfazer sua curiosidade — se é que ela existe! — em outras plagas.

Por isso, vamos agora tentar construir nossa fábula a partir de alguns personagens extraídos de nossa história.

O *povo* — Formado principalmente pelos camponeses e trabalhadores urbanos e, apesar das revoltas, subjugado pela violência, vai aqui, por constituir maioria, ser representado por três animais. Sem querer ofender quem quer que seja, e para manter a fidelidade à fábula escolhida, representam o povo um animal que trabalha (*o burro*), outro que é conhecido principalmente pela sua agilidade (*o coelho*) e um terceiro a cuja mansidão se deve o fato de o rebanho não debandar (*o cordeiro*).

A *nobreza* — Pelas atitudes que sempre tomou durante toda a nossa história, mas principalmente pelo final não muito feliz que a aguardava, após sua longa carreira de dominação sangrenta, entra em nossa fábula vestida com a pele de um *lobo*.

Os *homens da Igreja* — Pelo senso de oportunidade sempre demonstrado, pela inteligência com que sobreviveram a várias e tormentosas mudanças nos mecanismos de dominação social e pelas relações mantidas com aqueles que, juntamente com eles, partilhavam o poder sobre os homens, surgem aqui sob a pele da *raposa*.

Os *burgueses* — Pelo poder que conseguiram estender sobre todos os outros "animais" de nossa fábula, aparecem aqui ostentando a invisível coroa do rei das selvas: o *leão*.

Agora, vamos à fábula. Ela foi criada no século XVII por um árabe que tinha o sonoro nome de Al-Kaliubi e denomina-se "O leão, a raposa e o lobo":

> *O leão, a raposa e o lobo foram, certo dia, caçar juntos e conseguiram um burro, um coelho e um carneiro.*
>
> *Pediu o leão ao lobo: "Partilha esta caça entre nós". Disse o lobo: "A partilha é evidente: o burro para o leão; o coelho para a raposa e o cordeiro para mim".*
>
> *De um golpe, o leão separou-lhe a cabeça do corpo e virou-se para a raposa: "Foi um partilhador bem ignorante, o teu amigo! Vamos. Partilha tu".*
>
> *A raposa disse: "A coisa é bem clara: o coelho para teu desjejum, o burro para teu almoço e o cordeiro para teu jantar".*
>
> *Retrucou o leão: "Que jurista eminente! Quem te ensinou tanta ciência?". Respondeu a raposa: "A cabeça do lobo, separada de seu corpo".*

> (Mansour Challita. *As mais belas páginas da literatura árabe*. Rio de Janeiro, Associação Cultural Internacional Gibran/Expansão Editorial, 1973. p. 178.)

Pois bem, acho que conseguimos a fábula, com seus personagens animais e o clima que normalmente caracteriza essas histórias. Mas parece que falta alguma coisa, não é mesmo? As fábulas devem conter uma lição moral ou um ensinamento que o autor não quis revelar.

Meu palpite é que muita gente vai achar que a esperteza da raposa é o que deve ser destacado. Sobreviveu porque cedeu a um poder mais forte, não é verdade? Mas se essa situação se repetisse infinitamente a raposa morreria de fome... Outras pessoas vão valorizar o leão, pelo poder que ele possui sobre os demais e que lhe assegurou o "direito" de comer por três, além de eliminar o lobo, do qual poderia alimentar-se mais tarde. Alguns mais idealistas vão achar que o lobo merece as honras, por causa de sua intenção de dividir o alimento, embora isso lhe tenha custado a cabeça...

E agora?

Será que alguém se deu conta de que, enquanto os poderosos caçadores lutavam entre si para assegurar seu "direito" de alimentar-se, pelo menos três coisas que aconteceram precisam ser lembradas?

Em primeiro lugar, em nenhum momento o leão, a raposa e o lobo puseram em dúvida seu direito de alimentar-se do burro, do coelho e do cordeiro, ou seja, os donos do poder jamais questionaram seu papel de poderosos. Em segundo lugar, o burro, o coelho e o cordeiro já entram na história como animais abatidos, cuja única função é aguardar que aqueles que os vão devorar decidam sobre como fazer isso. Finalmente, uma coisa muito importante: embora seu destino pareça ser o de alimentar os mais fortes e garantir-lhes a vida, não aparecem sequer no título da fábula; com isso repetem a situação dos personagens que estavam representando, com suas vidas e corpos apenas compondo o pano de fundo sobre o qual a História vê desenrolar suas cenas de glória e brilhantismo, inteligência e poder.

Cronologia

Século IV

311
- O edito de Milão estabelece tolerância em relação ao cristianismo no Império Romano.

314
- O Concílio de Arles faz do serviço militar uma obrigação.

323
- São Pacômio funda o primeiro mosteiro no vale do Nilo.

330
- Constantinopla substitui Roma como capital do Império Romano.

341
- Constantino proíbe os sacrifícios pagãos nas cidades.

354
- O Natal torna-se a festa cristã da Natividade em lugar da festa pagã do Sol.

385
- Prisciliano é o primeiro herético cristão a ser executado.

390
- Santo Ambrósio impõe uma penitência pública ao imperador Isodósio.

392
- Proibição dos cultos pagãos.

Século V

410
- Tomada de Roma por Alarico.

426
- Santo Agostinho termina *A Cidade de Deus*.

429
- Os vândalos chegam à África.

445
- Valentiniano III impõe aos bispos do Ocidente a superioridade do bispo de Roma.

451
- Os hunos na Gália.

476
- Fim do Império Romano do Ocidente.

496(?)
- Conversão de Clóvis.

Século VI

525
- São Bento funda o mosteiro de Monte Cassino.

529
- Fechamento da escola filosófica de Atenas por Justiniano, episódio considerado muitas vezes como o fim da cultura pagã.

533
- Código de Justiniano.

533-563
- Reconquista de parte do Império Ocidental pelos exércitos de Justiniano.

568
- Os lombardos invadem a Itália.

585
- A Igreja institui o dízimo.

Século VII

610
- Difusão do budismo no Japão.

622
- Hégira.

634-650
- Os árabes conquistam a Síria, a Palestina, o Irã e o Egito.

693-702
- Restrições ao comércio dos judeus na Espanha.

Século VIII
711
- Os árabes conquistam a Espanha.

717-718
- Último cerco de Constantinopla pelos árabes.

732
- Carlos Martel vence os árabes na batalha de Poitiers.

771-814
- Reinado de Carlos Magno.

742-743
- Grande peste na Idade Média.

779
- Carlos Magno impõe o dízimo no seu reino.

783-785
- Carlos Magno vence os saxões.

796
- Carlos Magno vence os ávaros.

800
- Coroação de Carlos Magno como imperador.

Século IX
807
- Fundação de Hamburgo.

829
- Testamento de Justiniano Partecipazio (notícias sobre começos do surto econômico de Veneza).

840
- Os árabes tomam Bari.

845
- Concílio de Meaux condena o comércio de escravos.

850
- Os árabes invadem a Córsega.

872
- Tradução para o árabe da *Geografia* de Ptolomeu.

878
- Conversão do rei da Dinamarca.

885
- Cerco de Paris pelos normandos.

Século X
910
- O duque da Aquitânia, Guilherme, funda o mosteiro de Cluny.

936
- Os mongóis Kitats tomam Pequim.

943
- Referência a uma corporação de peixeiros em Ravena.

980
- O bispo Aldebarão coloca vitrais pintados na catedral de Reims.

987
- Hugo Capeto torna-se rei da França.

1000
- Início de um grande movimento para construção de igrejas no Ocidente.

Século XI
1024
- A população de Pavia queima o palácio do imperador.

1030
- Início do movimento comunal na Itália.
- Corporação dos hortelões em Roma.

1033
- Fome no Ocidente.

1054
- O Grande Cisma separa Roma e Constantinopla.

1076
- O papa pede ao rei da França que reembolse as somas extorquidas aos mercadores italianos na França.

1083
- Um "cambista" romano empresta a juros de 20%.

1095
- O papa Urbano II prega, em Roma, a I Cruzada.

1099
- Os cruzados conquistam Jerusalém.

Século XII
1104
- *La chanson de Roland.*

1106
- Corporação dos peixeiros de Worms.

1112
- Confraria dos sapateiros de Rouen.

1121
- Abelardo condenado em Soissons.

1140
- Abelardo condenado em Sens.

1142
- Morte de Abelardo.

1143
- Tradução do *Planisfério* de Ptolomeu.

1147
- Os portugueses conquistam Lisboa.
- São Bernardo prega a II Cruzada.

1174
- Primeira referência a um guarda de Champagne.

1175
- Construção da catedral de Canterbury.

1180
- Morte de João de Salisbury.
- Fundação do primeiro Colégio de Paris: os Dezoito.

1185
- Instituição do xogunato do Japão.

1189
- Proibição das confrarias de artífices em Rouen.

1200
- Construção do mercado dos panos em Ypres.

Século XIII
1203
- João Sem Terra autoriza os mercadores portugueses a fixarem-se na Inglaterra.

1204
- IV Cruzada: os latinos tomam Constantinopla.

1209
- Começo da cruzada dos albigensis.

1211
- Começo da construção da catedral de Reims.

1215
- A *Magna Carta*.

1219
- Fracasso da V Cruzada no Egito.

1225
- Revolta dos tecelões e pisoeiros em Valenciennes.

1233
- Começo da Inquisição.

1244
- Perda definitiva de Jerusalém.

1248
- VII Cruzada: São Luís conquista Damieta.

1260
- Cruzada de Afonso X, o Sábio, contra Salé.

1273
- Os tecelões de Lucca utilizam a energia hidráulica para acionar as torcedoras de seda.

1274
- Greve dos tecelões e pisoeiros de Gand.

1290
- Os judeus são expulsos da Inglaterra.

Século XIV

1313
- 92 mil peças de pano com selo de exportação em Ypres.

1313-1317
- Crise de subsistência.

1314
- Primeiro relógio público na França (Caen).

1337
- Início da Guerra dos Cem Anos.

1348
- Início da peste negra.

Bibliografia

ANDERSON, Perry. *Passagens da Antiguidade ao feudalismo.* Porto, Ed. Afrontamento, 1982.

BANNIARD, Michel. *A Alta Idade Média ocidental.* Publicações Europa-América, s.d.

BLOCH, Marc. *A sociedade feudal.* Lisboa, Edições 70, 1982.

duby, Georges. *As três ordens ou o imaginário do feudalismo.* Lisboa, Editorial Estampa, 1982.

_____. *Guerreiros e camponeses — Os primórdios do crescimento econômico europeu (séc. VII-XII).* Lisboa, Editorial Estampa, 1980.

ESPINOSA, Fernanda. *Antologia de textos históricos medievais.* 3ª ed. Lisboa, Sá da Costa Editora, 1981.

GERREAU, Alain. *O feudalismo — Um horizonte teórico.* Lisboa, Edições70, s.d.

HUIZINGA, Johan. *O declínio da Idade Média — Um estudo das formas de vida, pensamento e arte em França e nos Países Baixos nos séculos XIV e XV.* Lisboa, Ulisseia, s.d.

JEAUNEAU, Edouard. *A filosofia medieval.* Lisboa, Edições 70, 1980.

LE GOFF, Jacques. *Para um novo conceito de idade Média — tempo, trabalho e cultura no Ocidente.* Lisboa, Editorial Estampa, 1980.

_____. *Os intelectuais na idade Média.* Lisboa, Editorial Estúdios Cor, 1973.

LOPEZ, Roberto S. *Nascimento da Europa.* Lisboa, Edições Cosmos, 1965.

PERNOUD, Régine. *O mito da Idade Média.* Publicações Europa-América, 1978.

PINSKY, Jaime (org). *Modo de produção feudal.* 3ª ed. São Paulo, Global, 1984

Discutindo o texto

1. Como você vê as relações entre os povos germânicos e os romanos?

2. Comente a descrição que se faz dos hunos na página 15.

3. Você seria capaz de descrever o crescimento da importância do papel da Igreja no período?

4. Como você entende a questão do *poder* relacionado à Igreja e a diferença entre ele e o poder real?

5. Como foi que a Igreja se tornou proprietária de terras?

6. Qual seria a importância de o controle do tempo ser feito pela Igreja? Quem controla o tempo atualmente?

7. Qual é, no seu modo de ver, a importância de a Igreja controlar o ensino e o pensamento?

8. Comente o controle das relações de parentesco feito pela Igreja.

9. O que, para você, significa feudalismo?

10. Por que, além da propriedade sobre a terra, era importante ter poder sobre os homens durante a época feudal? É diferente hoje?

11. O que você entendeu sobre as relações de *dominium*?

12. Analise, de seu ponto de vista, as relações de vassalagem.

13. Como você descreveria as relações entre as pessoas durante a época feudal?

14. "Comida, roupa e abrigo, em troca da liberdade". Comente essa frase.

15. Por que os guerreiros eram importantes na época feudal?

16. Analise a poesia que está nas páginas 42 e 43.

17. Analise a descrição do ritual de sagração de um cavaleiro que está na página 47 e comente a importância da Ordem da Cavalaria.

18. Qual a sua visão da cidade medieval?

19. Como era o comércio durante aquele período?

20. Crie uma conclusão para a fábula do leão, da raposa e do lobo.